QUELQUES MOTS

AU JOURNAL

LE SIÈCLE.

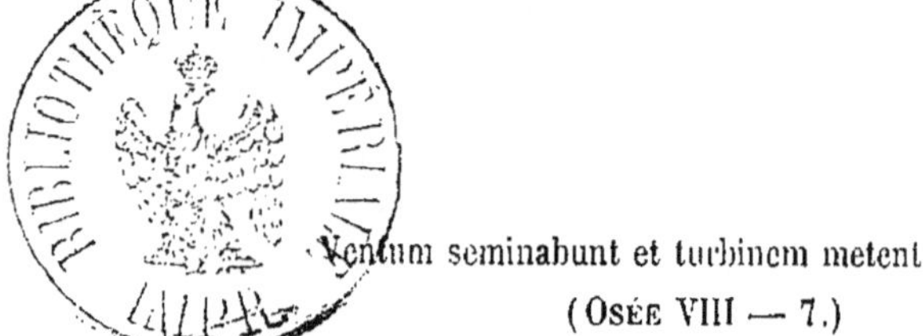

Ventum seminabunt et turbinem metent.

(Osée VIII — 7.)

PARIS

CHARLES DOUNIOL, ÉDITEUR, | VICTOR SARLIT, LIBRAIRE,
Rue de Tournon, 29. | Rue Saint-Sulpice, 25.

1860.

Limoges, typ. CHATRAS, rue Basse-Croix-Neuve. 10.

I.

Que prétendent être MM. les rédacteurs du *Siècle* ?

« Il est un thermomètre sûr, s'écrie *le Siècle*, pour me-
» surer le degré de développement *intellectuel*, *moral* et
» *matériel* d'un pays : ce thermomètre est l'état de ses re-
» lations avec la cour de Rome, et son plus ou moins d'in-
» dépendance vis-à-vis des corporations cléricales. Plus
» cette indépendance est grande, et plus le thermomètre
» s'élève ; plus les lettres, les arts, la philosophie, l'in-
» dustrie, le commerce sont en progrès, plus aussi la re-
» ligion est respectée. Mais que cette indépendance cesse,
» qu'un gouvernement laisse une corporation aussi puis-
» sante et aussi influente que le clergé catholique prendre
» place dans l'Etat et dans la vie politique, aussitôt le ni-
» veau s'abaisse. » (*N° du 20 janvier 1860.*) (1)

(1) Ce que *le Siècle* dit ici, il le répète presque tous les jours. Voici encore
ce qu'il nous enseigne le 9 mars de la même année : « C'est un fait incontes-

Ce n'est point l'homme, nous le savons, qui se caractérise par l'inertie ; c'est au contraire par la puissance *d'agir*, qui ne peut être distincte de l'obligation *d'avancer*, que doit se manifester notre être dans son activité vitale. Dans quel domaine doit s'exercer notre action? Quelle doit être la fin de nos aspirations vers le progrès? Rien n'est plus facile à saisir ou à constater. L'homme étant essentiellement un être intelligent et libre, ne peut s'empêcher, comme tel, d'avoir soif de la science et de la liberté. Plus il *sait*, plus il veut savoir ; c'est pourquoi il se sert des connaissances acquises pour les confirmer et en acquérir de nouvelles. Bien des êtres sont capables de *vouloir* ; mais

» table que le vieil esprit religieux se retire des sociétés européennes. Tous
» les clergés, sans exception, sont en pleine décadence morale. Ils sont
» puissants matériellement, ils sont riches, ils sont influents ; alors que tout
» se tait autour d'eux, ils ont la parole, ils ont la chaire, ils ont le confes-
» sionnal, ils ont l'école, ils ont le pied dans toutes les familles, ils tiennent
» l'homme depuis sa naissance jusqu'à sa mort, ils ont la vie présente et la
» vie future, ils ont la puissance de la tradition, ils parlent au nom de Dieu,
» ils ont le ciel et l'enfer à leur disposition ; et cependant, jetez un coup
» d'œil sur l'islamisme, sur le catholicisme, sur le protestantisme, et vous
» serez frappé du vide immense dans lequel s'agitent les clergés de ces trois
» grandes formes religieuses du passé. C'est en dehors d'eux que les sociétés
» vivent, que les sciences progressent, que l'industrie se développe, et, —
» fait plus remarquable encore, — c'est en dehors d'eux que les peuples
» s'émancipent...
» Un des caractères les plus étranges des temps où nous vivons, des crises
» politiques que nous traversons, est précisément cette opposition ardente,
» violente, passionnée, que le clergé catholique fait à toute idée, à tout pro-
» jet d'émancipation et d'indépendance. Dans la lutte ouverte entre l'ancien
» principe du droit divin et des castes qui formait la base des sociétés an-
» ciennes, et le principe nouveau, le principe démocratique sorti de nos ré-
» volutions, le clergé n'a pas hésité ; il s'est rangé du côté des rois contre les
» peuples, du côté de l'oppression contre la liberté. Quand un corps quel-
» conque, laïque ou religieux, en est là, si haut qu'il parle, si menaçant que
» soit son langage, soyez sûr qu'il est à bout de forces, et que l'heure de sa
» transformation n'est pas éloignée. »

l'homme seul peut vouloir *librement*, c'est-à-dire trouver dans son activité propre la raison même de ses désirs et de ses actes. Si nous n'étions que de purs esprits, ce serait faire assez pour notre bonheur que de travailler à l'élargissement de la science et de la liberté; mais nous ne sommes pas de purs esprits, mais bien des esprits unis à des corps. C'est pourquoi le bien-être matériel ne doit point être exclu des fins de notre travail, des éléments de notre progrès.

Quels sont donc, Messieurs les rédacteurs du *Siècle*, les principes, les tendances, les influences qui sont les plus propres à favoriser l'humanité dans sa marche vers la science, la liberté et le bien-être ? D'après vous, le question est toute résolue. Non-seulement nous ne pouvons et ne voulons rien pour le progrès intellectuel, moral et matériel; mais nous sommes de vains obstacles qu'il faut s'efforcer de briser dans l'intérêt du genre humain. Vous seuls comprenez les besoins des générations présentes; vous seuls pouvez leur donner une satisfaction pleine et réelle (1).

Ah ! si ce langage n'était point un mensonge, vous auriez mille fois raison d'affirmer que l'humanité vit par vous et non par nous; votre mission serait sublime et bienfaisante; vous auriez droit de revendiquer le mérite et la

---

(1) *Le Siècle* n'a pas le mérite d'être toujours d'accord avec lui-même. D'après M. Louis Jourdan, parlant le 20 janvier et le 9 mars 1860, les prêtres ne peuvent être qu'un obstacle pour le progrès de l'humanité. Cependant le même Jourdan avait assuré, le 1er janvier de la même année, que la majorité du clergé ne pensait pas autrement que *le Siècle*. Serait-il donc possible que Messieurs les rédacteurs du *Siècle*, tout en croyant servir l'humanité dans sa marche progressive, ne fussent pour elle qu'un obstacle, un malheur !

gloire pour nous avoir combattus et outragés. Mais en est-il ainsi? c'est-à-dire, sommes-nous les vrais ennemis du progrès dans la science, la liberté et le bien-être; et vous, en êtes-vous les vrais apôtres? C'est là une prérogative qu'on est obligé de vous contester, qu'on ne peut même vous accorder quand on vous a étudiés de près dans vos idées, vos appréciations et vos tendances. En réalité, vous n'êtes que de faux prophètes dont la prédication est réellement préjudiciable au progrès de l'humanité dans le domaine de la *science*, de la *liberté* et du *bien-être*.

II.

Quels sont les véritables apôtres de la *science* dans l'humanité? Sont-ce les prêtres catholiques ou bien MM. les rédacteurs du *Siècle*?

Est-il vrai que les catholiques ne soient que les favoris de l'ignorance, et vous les seuls savants, les seuls propagateurs des lumières? Votre école peut compter plus de disciples que le catholicisme dans les clubs, les cercles et les cabarets; mais, croyez-le, elle en compte bien moins dans les académies, les instituts et les colléges. Vous trouvez des amis parmi les compositeurs des libelles, des romans et des comédies; mais vous en trouvez bien peu parmi les auteurs sérieux qui consacrent leurs talents et leurs travaux à instruire leurs frères dans l'humanité.

Si l'on vous croyait sur parole, vous seriez de vrais philosophes, combattant pour les droits et l'honneur de la raison. Rien de plus manifeste et de plus certain que l'affirmation contraire. Non-seulement vous n'êtes pour rien dans le développement de la science , dans la conquête de la vérité, par la puissance de notre activité naturelle ; mais vous êtes pour la science et la vérité un obstacle, une calamité.

Être philosophe, c'est avoir pour maîtres tous les grands penseurs qui ont étudié la vérité pour la manifester et la propager. Mais que sont pour vous saint Clément, Tertullien, saint Augustin , saint Chrysostôme, saint Bernard , saint Thomas , Pascal, Newton, Leibnitz, Descarte, Bossuet, Fénélon, Mallebranche , etc.? Bien loin d'être pour eux des admirateurs et des disciples, vous n'êtes que des détracteurs et des renégats. Il faut donc dire que si vous êtes philosophes, ces grands génies ne le sont point. Comme aussi, il faut avouer que s'ils ont droit d'être proclamés apôtres de la philosophie, vous avez tort alors de vous regarder comme tels. De quel côté sont les droits? Ne pourriez-vous pas nous le dire sans blesser votre modestie?

Il vous arrive assez souvent de décorer du titre de *philosophe* ceux qui ont repoussé ou qui repoussent encore l'enseignement catholique. C'est là une fausse dénomination , une injuste usurpation. Être philosophe, c'est aimer la sagesse, c'est servir la vérité en la développant et la propageant. Mais n'est-ce point là la véritable mission de tout apôtre chrétien , de tout écrivain catholique? Disons donc que vous abjurez la philosophie en abjurant la religion ; disons que vous travaillez contre la vérité en travaillant contre le catholicisme. Vous n'êtes point des *philosophes* , mais bien des *antiphilosophes*.

Pourquoi seriez-vous philosophes? Serait-ce parce que vous vous faites gloire de proclamer la puissance de la raison? J'avoue que c'est déjà servir la science que de reconnaître la réalité de ses principes; néanmoins, cela ne suffit pas. Ce n'est pas assez de dire à l'intelligence humaine qu'elle peut quelque chose dans son action ; il faut encore lui tracer sa route, et la prémunir contre tout ce qui peut l'altérer, la faire dévier et la dégrader. C'est là une mission que l'Eglise a toujours tenu à remplir de la manière la plus scrupuleuse. A-t-on voulu, comme vous le faites, dénaturer notre activité intelligente par des exagérations outrées? L'Eglise s'est empressée de la sauvegarder contre de pareils abus. A-t-on voulu, au contraire, contester sa puissance et sa légitimité? C'est encore l'Eglise qui s'est constituée sa protectrice. En remplissant sa tâche sous ce rapport, elle devait atteindre plusieurs de ses enfants dévoués. Ces considérations n'ont pu l'arrêter. Les droits de la raison lui sont trop chers pour supporter à leur égard le moindre ombrage. Du reste, je veux le dire ici en passant, rien de plus admirable et de plus édifiant que la conduite des traditionalistes catholiques. Hommes éminemment intelligents, ils ont compris que le crime ne consiste point à se tromper, *errare humanum est*, mais bien à persister dans l'erreur une fois qu'elle nous est connue. Chrétiens sincères, ils ont été pleins d'obéissance ; je dirai même de reconnaissance pour la voix maternelle qui les a sauvés en leur enseignant les sentiers de la justice et de la vérité.

Oui, Messieurs, en exagérant la puissance de la raison, vous perdez plutôt que vous n'acquérez des droits au titre de *philosophe*. Exagérer un droit, ce n'est pas le servir, le confirmer, ni l'ennoblir ; c'est, au contraire, le dénaturer, le dégrader, l'ébranler, et quelquefois même le détruire. Il arrive quelquefois, au sujet de la *raison*, ce qui est arrivé assez souvent pour la *liberté*. Ceux qui ont paru exalter le plus la liberté sont ceux-là même qui ont été ses meurtriers. En opprimant, en égorgeant même au nom de la liberté, comme on l'a fait en 93, on a terni aux yeux de l'humanité entière l'éclat de son diadème; on a affaibli son prestige et amoindri son influence. Prenez donc garde de ne point faire pour la raison ce que l'on a fait pour la liberté. C'est parce que nous sommes de vrais philosophes que nous tenons à vous prémunir contre ces écarts, et vous recommander hautement tout ce qui peut servir et glorifier la cause de notre puissance rationnelle. Comment ne tiendrions-nous pas à sauvegarder les droits de la raison? N'est-elle pas la sœur de la foi par son origine et sa destination? L'une et l'autre viennent de Dieu; l'une et l'autre sont des flambeaux pour nous enseigner les sentiers de la justice et de la vérité.

Ce qui fait la grandeur de l'homme, ce qui l'élève au-dessus de tous les êtres purement instinctifs, en mettant entre eux et lui une barrière infranchissable, c'est la *raison*. Comment donc l'Eglise pourrait-elle se faire un devoir et une gloire de renier cette raison, pour établir son édifice sur ses propres ruines? L'Eglise voudrait dégrader la dignité de l'homme, elle qui a reçu la mission de la rehausser par la sublimité des pensées et la perfection des actes! Elle voudrait rapprocher l'être humain de l'être brutal, elle qui est chargée de les éloigner le plus possible! Cela ne peut pas être, cela n'est pas; car il n'est pas possible à un corps enseignant, aussi solennel que celui de l'Eglise catholique, de se contredire si ostensiblement dans ses prédications et ses tendances de tous les jours.

Non, l'âme humaine n'est pas pour l'Eglise une espèce de table de cire, simplement capable de laisser graver en elle des impressions; c'est un véritable principe d'activité; c'est une cause qui, quoique privée de la toute-puissance, n'en est pas moins véritablement créatrice. Sans doute, notre activité intelligente reçoit des secours immenses de l'enseignement révélé. Mais comment de nouvelles lumières pourraient-elles être une destruction pour celles auxquelles elles s'associent? Quelle est la plante qui peut se plaindre de voir ajouter de nouveaux sucs à ceux qu'elle trouve déjà dans le terrain qui l'a vu naître? La révélation n'est donc pas pour la raison une destruction, ni une détresse et une humiliation; c'est, au contraire, un bienfait, une richesse et une gloire. Peut-il en être autrement, puisque l'enseignement révélé, multipliant nos lumières, étend de beaucoup le domaine de notre activité intelligente, en élargissant son horizon et le rendant plus visible qu'il ne l'était de lui-même.

Que pouvons-nous donc dire de ceux qui s'imaginent que l'Eglise porte préjudice à la raison en prêchant la sublimité et l'utilité de la révélation? Nous sommes obligés d'avouer qu'ils sont soumis à l'ignorance la plus grossière sur les lois qui tiennent à la nature de la connaissance et à celles des véritables richesses intellectuelles. Que devons-nous dire surtout aux journalistes qui, dans le but de nuire à la religion et à ses ministres, cherchent tous les jours à propager ces préjugés au lieu de les dissiper? Nous pouvons et devons leur dire que si l'ignorance peut quelquefois excuser du crime, il n'en est jamais de même pour la mauvaise foi.

Être philosophe, c'est développer les principes de la science pour les rendre plus manifestes et plus certains; c'est en partant du connu pour arriver à l'inconnu que les

connaissances se développent en se multipliant. Mais quel
est votre point de départ, quels sont vos principes arrêtés?
Au lieu d'avancer, vous ne faites que reculer. Au lieu d'é-
clairer, de confirmer, de populariser, si je puis m'exprimer ainsi, les notions premières, vous jetez la confusion
sur les relations essentielles de la cause et de l'effet. N'êtes-
vous pas de cette école qui confond la créature avec le
Créateur, le monde visible avec l'Être-Suprême qui l'a pro-
duit? Eh bien, Messieurs, sachez que la science ayant
pour but d'engendrer la lumière et la certitude, tout ce
qui engendre les ténèbres du vague et du doute ne peut se
confondre avec elle.

Proclamant que l'humanité ne peut être stationnaire,
vous avouez que son progrès intellectuel s'est fait sentir
pendant la durée de tous les siècles. Mais, dites-moi, sous
quelle inspiration, sous quelle influence ce progrès s'est-
il opéré pendant dix-huit siècles? Ce n'est point à vous
qu'il faut l'attribuer, car vous n'étiez pas encore (il y a si
peu de temps que l'humanité a vu éclore *le Siècle !*) C'est
donc le catholicisme qui a inspiré ce progrès; c'est sous
son influence qu'il s'est accompli. S'il en est ainsi, comment peut-il se faire qu'un principe de lumière, de civilisation, devienne un principe de ténèbres, de barbarie,
surtout en se faisant gloire de rester essentiellement ce
qu'il a toujours été? Je conviens avec Eugène Pelletan
qu'une même chose peut être perfection et imperfection,
selon le point de vue duquel on la considère. Je conviens
avec lui que l'état de convalescence étant un bien par rapport à la maladie qui l'a précédée, n'est qu'un avantage
moins précieux quand on le compare à l'état de santé qui
lui succède. Je conviens de tout cela; mais je prétends que

le vrai ne peut cesser d'être vrai, ni le bien d'être bien. Si donc le catholicisme seul a pu donner le mouvement au progrès intellectuel dans les siècles passés, il reste encore, malgré vous, ce qu'il a été toujours.

Ce qui nous prouve, Messieurs, que vous ne pouvez pas plus pour le progrès de la littérature que pour celui de la philosophie, c'est que les lettres ont perdu au lieu de gagner depuis que vous existez, et surtout depuis que vous écrivez. Autrefois, on passait une vie entière à composer un ouvrage ou à le perfectionner. Aujourd'hui, on en compose des centaines et on trouve encore du temps à sacrifier aux exigences du monde, à la satisfaction des plaisirs. Quels mérites peuvent avoir des compositions méditées si superficiellement et opérées si rapidement?

Ce n'est pas tout. A part quelques écrivains éminents et consciencieux, on peut dire de tous les autres ce qu'on ne disait autrefois que des avares les plus marquants : *Tout par argent, rien sans argent, tout pour argent*. On fait de l'art littéraire une spéculation, et non une prérogative et un devoir. Quand on écrit, c'est moins pour servir la cause de la vérité et dire ce que l'on pense, que pour se faire un nom et surtout pour arriver à la fortune. On ne se demande point avant d'écrire quelle est l'œuvre qui peut être la plus utile à la grandeur de l'humanité, mais bien quelle est la plus efficace et la plus prompte pour avoir des acheteurs et obtenir des quantités d'or. C'est pourquoi, en écrivant, on consulte uniquement les impressions du moment, les tendances des passions, pour mieux s'enrichir en les exaltant et en les servant. Encore une fois, quels mérites peuvent avoir de pareilles compositions?

Est-il étonnant de les voir mourir avant la mort même de leurs auteurs?

Il en est presque des lecteurs comme des compositeurs. On n'a plus le goût ni la force de lire les ouvrages sérieux. On les oublie, on les néglige pour lire exclusivement des libelles, des romans, des comédies et des journaux, et surtout les journaux les plus futiles et les plus passionnés. Est-il étonnant que les esprits les plus sérieux et les mieux intentionnés soient étonnés et même effrayés de cette décadence dans la littérature?

Si ces résultats déplorables ne sont pas l'œuvre du journal *le Siècle*, elles sont au moins des malheurs de notre siècle. Comment donc concilier cet état de choses avec vos apologies n'approuvant et n'admirant que ce qui s'est fait et se fait de votre temps? Comment surtout pouvoir admettre une décadence dans les temps mêmes où *le Siècle* combat pour le progrès? Est-il possible que vous vous débattiez si vivement pour ne rien produire en bons résultats?

Peut-être n'admettez-vous pas cette décadence dans la littérature? Peut-être qu'à vos yeux il n'y a rien dans les siècles passés qui puisse se comparer au *Juif-Errant* et aux *Mystères de Paris*, etc.? Mais, prenez garde! Ici, vous ne trouverez pas seulement pour adversaires des prêtres et des catholiques; vous armerez contre vous tous les penseurs, tous les écrivains, tous les connaisseurs, plusieurs mêmes de vos amis.

Notre siècle a des mérites et des gloires, rien de plus vrai; nous devons lui rendre justice en les reconnaissant et en les proclamant. Mais tout en lui rendant justice, nous ne devons point le flatter, même dans le but de servir un

journal dans son esprit de parti, dans ses tendances et ses
intérêts matériels.

Il est écrit dans votre journal que tout se perfectionne là
où le catholicisme ne règne pas : non-seulement les arts,
la littérature et le commerce, mais encore la *religion*. Raison de plus pour m'enquérir de celle que vous professez.

Combien de feuilles du *Siècle* n'ai-je point parcourues à
cette fin? Mais, hélas ! mes recherches ont été vaines.
Rien de clair, rien de précis à cet égard. *Le Siècle*, je le
crois, ne professe point le culte israélite. Mais est-il luthé-
rien ou calviniste? Je n'en sais rien. Quelquefois il se fait
gloire de soutenir les intérêts catholiques contre les passions des Jésuites et des ultramontains; d'autres fois, il fait
un crime à certaines nations, comme à l'Espagne, de pro-
fesser la religion catholique. Rien ne m'assure que *le Siècle* soit mahométan; je sais pourtant qu'il a parfois des
prédilections pour les dévots de Mahomet sur les dévots
catholiques. S'il déclare le catholicisme incompatible avec
tout progrès dans la science, il n'en est pas de même du
Coran; à cet égard même, il prend sa défense contre ceux
qui pensent de la sorte (1).

---

(1) Voilà, en effet, ce qu'il dit le 24 janvier 1860 : « On a dit à cet égard
que l'abaissement intellectuel de l'Arabe et sa profonde ignorance tenaient à
l'esprit du Coran, systématiquement hostile à toute science. »

Le reproche peut être fondé en soi, mais pas au sens où on entend géné-
ralement.

Mahomet n'a-t-il pas dit, et ne lit-on pas en maints endroits du Coran :
« Enseignez la science; qui l'enseigne craint Dieu ; qui la désire adore Dieu ;
qui en parle loue Dieu ; qui dispute pour elle combat pour Dieu. »

N'a-t-il pas dit aussi : « La science est un remède aux infirmités de l'ignorance, un fanal consolateur dans la nuit de l'injustice. »

« L'orphelin, dit un proverbe musulman, n'est pas celui dont le père est
mort : c'est celui qui n'a ni science, ni éducation. »

Ce qui, Messieurs, m'a paru le plus précis, ou plutôt le moins obscur dans vos convictions religieuses, c'est votre profession de foi du 1er janvier 1858. « N'est-ce pas sagesse, s'écrie *le Siècle*, n'est-ce pas sagesse que d'élever nos regards et nos cœurs vers celui qui t'envoie (le nouvel an), vers celui qui tient dans ses mains puissantes la destinée des nations, aussi bien que celle de chacun de nous, et de lui adresser nos vœux les plus fervents, nos plus tendres prières ?..

....

» Que les hommes de toute race, de tout climat, de toute communion s'unissent dans un même sentiment religieux : celui de la fraternité, celui de l'amour que des frères doivent avoir l'un pour l'autre, et que les fils d'une même famille doivent avoir pour leur père commun ! Que chacun de nous respecte la foi et la liberté des autres ! Plus d'intolérance, plus de haines aveugles ! Que tous murmurent leur prière dans la forme et au pied de l'autel qui leur convient, qu'importe ! pourvu que la prière monte vers le Père et que le Père l'agrée ! Persuadons-nous bien surtout que nul ici-bas n'a le droit de faire parler Dieu, ni de parler en son nom ; qu'il y a place dans son sein immense pour tous les cœurs aimants et dévoués, pour toutes les bonnes volontés, pour tous les courages, pour toutes les activités généreuses, sans distinction de culte et de profession de foi.

» Peuples, tendons-nous la main par-dessus nos frontières, car nous sommes frères malgré la diversité de nos mœurs et de nos croyances, malgré la diversité de drapeaux ! Est-ce que nous n'avons pas des aspirations communes vers la justice et vers la liberté ? Est-ce que nous n'avons pas les mêmes notions morales dans la synagogue aussi bien que dans la mosquée, dans l'église aussi bien que dans le temple?

» Effaçons toutes divisions impies ! unissons-nous dans le sentiment pieux de l'amour mutuel et de la confiance en Dieu ! Plus de vaines disputes, plus de divisions coupables ! Opposons-nous fermement à toutes les tentatives que font et que peuvent faire encore ceux qui, au nom de Dieu qu'ils blasphèment ainsi, rêvent l'asservissement des consciences; mais ne cessons pas de voir en eux des frères; plaignons-les et tâchons de les éclairer, dussions-nous perdre le fruit de nos efforts. »

Tout cela paraît bien dit, ou plutôt bien exprimé ; mais qu'en résulte-t-il de pratique quand on laisse les mots pour aller au fond des choses? Qu'enseignez-vous à celui qui abandonnera le catholicisme pour se faire le disciple de votre religion? Il faut prier Dieu, dites-vous ; mais quel Dieu? Est-ce l'absolu, est-ce le monde sensible lui-même, ou bien le Dieu des chrétiens? Que faut-il faire pour le servir? Faut-il des autels, des sacrifices, ou simplement lire *le Siècle?* C'est encore une question qu'il faudrait résoudre. S'il est vrai, comme vous l'affirmez, que Dieu n'ait jamais parlé pour nous instruire, parlez vous-mêmes à cette fin.

Ce qui me prouve que votre religion n'a même pas le mérite d'être rationnelle, c'est que vous enseignez qu'on peut arriver à Dieu par le oui et le non, l'erreur et la vérité. En lisant les numéros de votre journal, une idée m'était venue naturellement : c'était celle de composer un opuscule intitulé : *Le Siècle réfuté par lui-même.* Puisque les contradictions vous affectent si peu, mon travail, je le comprends, aurait été inutile et ma peine perdue. Mais, au moins, ne vous hasardez pas de juger Dieu d'après vous-mêmes; croyez qu'étant le principe de la justice et de la vérité, on ne peut aller à lui par le faux comme par le vrai, par le mal comme par le bien.

Formez une religion nouvelle destinée à remplacer le catholicisme qui ne vit plus. Jésus-Christ est parvenu à se faire passer pour Dieu; pourquoi n'en feriez-vous pas autant? Jésus-Christ n'avait pour soutiens que douze apôtres, presque tous ignorants; vous, vous comptez des milliers d'abonnés, presque tous philosophes ou se croyant tels. Rien n'est plus facile à expliquer que l'existence des religions, et surtout du catholicisme; rien n'est donc plus facile à former. Que n'êtes-vous déjà fondateurs de religions! Ce que vous n'avez pas fait, Messieurs, faites-le au plus tôt; l'humanité, abandonnant alors les prêtres pour se jeter dans vos bras, pourra, d'un pas rapide, courir vers le progrès; vous n'aurez plus besoin de nous attaquer, de nous insulter pour amoindrir notre influence et nous faire oublier : nous irons de nous-mêmes à la mort.

Pour être véritablement apôtres dans l'ordre intellectuel, ce n'est pas assez de travailler au développement de la philosophie, de rendre la vérité plus manifeste à quelques intelligences d'élite; il faut la propager, la populariser, si je puis m'exprimer de la sorte. Qu'avez-vous fait, Messieurs, pour mériter à cet égard le beau titre d'*apôtres?* Vous parlez, il est vrai, à un grand nombre d'abonnés; mais nous avons tous droit à la connaissance de la vérité, et cependant nous n'avons pas tous le droit de recevoir votre feuille. Quels sont donc vos colléges, vos chaires, etc.? Que faites-vous pour instruire les ignorants, les pauvres.

les petits enfants? Ce que vous ne faites pas, les prêtres le font. Non-seulement ils ont des chaires, des colléges, des maisons d'éducation, des confessionaux ; mais ils s'adressent aux plus petits enfants, aux plus ignorants, à ceux mêmes qui ne peuvent trouver une place dans les salles d'école. Tout prêtre qui n'est pas professeur est catéchiste. Comment donc peut-il se faire que les prêtres, qui sont si ennemis des lumières, soient cependant si avides de les rechercher et de les propager? Comment se fait-il, surtout, que Messieurs les rédacteurs du *Siècle*, qui se disent propagateurs si zélés de l'instruction, se mettent si peu en peine de la répandre en dehors de leurs abonnés? Ou *le Siècle* se trompe dans ses appréciations, ou les prêtres et vous n'êtes point conséquents dans vos idées et vos tendances.

Ce n'est pas tout. Le progrès intellectuel n'est pas seulement la vie, la condition des Français et même des Européens; il est tel pour tous ceux qui sont doués de l'activité intelligente, c'est-à-dire pour tous les membres de l'humanité. Cependant, que d'hommes dans l'Inde, la Chine, le Japon, etc., qui ne se doutent nullement de cette prérogative, de cette obligation! N'est-ce pas un devoir, n'est-ce pas une gloire de leur porter la civilisation avec toutes ses lumières et tous ses bienfaits? Vous savez tout cela, et vous êtes insensibles à de pareils malheurs ; à ces cris de détresse vous ne répondez que par l'inertie, l'indifférence! Non, vous n'êtes pas jaloux de la grandeur de l'humanité; vous ne voulez pas le progrès de la science. Non-seulement vous ne vous sentez pas le courage de vous imposer des sacrifices, de braver des périls pour aller civiliser les barbares, mais vous êtes incapables d'inspirer à d'autres le feu sacré qui ne brûle point dans vos cœurs. Pas un seul de vos lecteurs n'a pu imiter la générosité d'un missionnaire catholique.

Savoir que les prêtres catholiques sont les seuls capables de renoncer aux agréments de la patrie, aux douceurs de la famille, aux avantages de la fortune, pour sacrifier leurs travaux et leur santé à la propagation de la civilisation; savoir tout cela, dis-je donc, et proclamer en même temps du haut des toits, sur les places publiques, que les prêtres sont ennemis de la civilisation, ce n'est pas seulement se mentir à soi-même, ce n'est pas seulement calomnier, outrager des hommes de bien, c'est se jouer des lecteurs auxquels on s'adresse, c'est manquer indignement et audacieusement à la société au sein de laquelle on vit et on parle !

Ne suis-je pas injuste à votre égard en prétendant que vous ne répondez que par l'indifférence aux besoins des peuples qui demandent la civilisation? Je n'ai pas été injuste, mais incomplet. Je devais ajouter qu'il en est tout autrement quand il s'agit de violer les droits et de renverser les gouvernements dont vous n'avez pas à redouter les vengeances. J'avais oublié tout ce que vous faites pour encourager Garibaldi et ses pirates.

Dieu me garde de blâmer les peuples dans leur élan vers les jouissances libérales ! Je me flatte d'aimer la liberté mille fois plus que vous, — chose très facile, du reste, car je crois que vous ne l'aimez pas du tout. — Mais je prétends que si les peuples ont le droit de choisir leur souverain, il n'est point permis à quelques mécontents, à quelques révolutionnaires de renverser le lendemain, par des barricades, ce que la nation a fait la veille. Apprenez surtout aux souverains à aimer leurs peuples, à laisser parvenir jusqu'à eux leurs vœux et leurs pétitions, et à ne jamais s'y montrer rebelles quand ils y voient la justice.

N'aurions-nous pas à condamner les révolutionnaires de l'Italie dans la fin qu'ils se proposent, que pourrions-nous dire de la légitimité des moyens qu'ils emploient? Est-il possible que la civilisation doive s'opérer par le fer et le feu? La civilisation, par sa nature même, s'adresse aux intelligences, et on tient à leur parler avec de la poudre et des balles! Agir de la sorte au nom de la civilisation, et cela en Europe, au XIXe siècle, n'est-ce pas étonnant, n'est-ce pas scandaleux, n'est-ce pas même humiliant pour l'humanité? Ce qui m'étonne le plus encore, c'est l'approbation d'hommes qui se disent si doux, si pleins de répugnance pour le sang humain! Serait-il donc vrai que le sang ne vous répugne que lorsqu'il se verse pour le maintien de l'ordre, et surtout à Pérouse? Cela prouverait alors que de la vertu de philanthropie vous n'avez que les apparences menteuses, et cela pour en faire un trafic honteux.

Oui, je tiens à le répéter ici après tant d'autres, le général Lamoricière ne pouvait mieux apprécier le mouvement révolutionnaire qu'en le comparant à l'islamisme ancien qui menaçait la civilisation, et voulait la remplacer par la domination de la force brutale. Si donc, Messieurs les rédacteurs, vous tenez à passer pour fervents apôtres du progrès intellectuel, cessez de patronner la souscription à *un million de fusils*. Un véritable apôtre de la civilisation, un véritable ami de l'humanité, doit agir par la conviction et l'amour, et non par le fer et les menaces. Il doit avoir horreur du sang humain, mais non réclamer à grands cris son effusion (1).

A quiconque vous entend parler tous les jours, il est facile de comprendre quels sont les titres que vous revendiquez avec le plus d'orgueil, comme vous donnant le plus de droits à l'admiration et à la reconnaissance de l'humanité, pour votre œuvre civilisatrice et progressiste : c'est que vous vous constituez les défenseurs des instituteurs laïques contre leurs détracteurs, et surtout contre le despotisme des curés.

Savez-vous, Messieurs, ce que disent à cet égard ceux qui sont plus méchants ou moins charitables que moi? Ils prétendent qu'il y a dans cette règle de conduite plus d'égoïsme que de générosité. « *Le Siècle*, dit-on, tient à servir ses propres intérêts, sous prétexte de servir ceux des instituteurs, de l'instruction et de l'humanité. Ne s'attendant nullement à l'approbation des curés, comment serait-il contrarié d'inspirer la méfiance et la haine à leur égard? Qu'il serait heureux, ajoute-t-on, s'il pouvait parvenir à faire de chaque instituteur l'ennemi de son curé ! Tout cela lui va d'autant mieux qu'il se crée ainsi un ami, un représentant dans chaque commune. Si l'instituteur n'est pas assez riche pour se faire son abonné, il sera au

---

(1) *Le Siècle* pousse la flatterie envers Garibaldi jusqu'à l'appeler un *héros d'Homère*, un *héros de Plutarque*, et même jusqu'à le comparer à César. Ce n'est pas encore assez, car plus tard il en fait même un *apôtre*. Que *le Siècle* appelle Garibaldi *apôtre* s'il y tient, mais qu'il n'oublie jamais que les apôtres allaient vers les peuples en leur portant la *paix*. Ils avaient la douceur dans le cœur et sur les lèvres ; dans leurs mains ils ne tenaient qu'une *croix de bois*. Garibaldi est animé d'un esprit de *haine* ; c'est pour l'exercer contre une partie de la société qu'il se fait accompagner de *baïonnettes*.

moins assez reconnaissant pour se constituer son panégy-
riste. »

C'est à tort, Messieurs, que vous nous faites les ennemis des instituteurs, et surtout leurs tyrans. Comment ne
les aimerions-nous pas ? Nous avons la mission de perfectionner les peuples en les instruisant; or, les instituteurs ne
sont-ils pas pour nous d'utiles coopérateurs ? Non-seulement
ils sont d'utiles coopérateurs, mais ils sont presque toujours
des amis que nous aimons à voir souvent, et surtout à encourager. Quoique vous habitiez la capitale, et que vous
soyez rédacteurs du *Siècle*, il est possible pourtant que
vous ayez vu moins d'instituteurs que moi qui vis dans les
campagnes du Limousin ; il est possible surtout que vous
les ayez vus de moins près et bien moins intimement. Eh
bien, Messieurs, je puis vous dire, en toute sincérité,
qu'ils comptent encore bien plus sur nous que sur vous.
Pour nous, ils ne sont pas seulement des amis inscrits
sur du papier, dans les colonnes d'un journal; ils sont des
amis pour lesquels notre bienveillance se traduit moins
par des paroles que par des actes.

Avouez, Messieurs, qu'en tout et partout, nous pouvons
et faisons mille fois plus que vous pour la réalisation du
progrès intellectuel. Non-seulement notre voix est celle
de la civilisation portant la vraie lumière à l'humanité,
mais elle se fait entendre dans tous les climats et à toutes
les générations. Pour agir, nous n'attendons point qu'on
nous renvoie le prix d'un abonnement ; nous allons de
nous-mêmes jusqu'au sanctuaire de l'ignorance et de l'indifférence pour travailler à leur destruction. Nous frappons
à toutes les portes pour chercher les intelligences, et les
enrichir des dons précieux de la science. On peut donc

dire qu'aujourd'hui comme toujours, le clergé catholique, recherchant les lumières et les propageant, les aimant et sachant les faire aimer, est un véritable apôtre du progrès intellectuel dans l'humanité. Comment pourrait-il en être de même pour ceux qui mettent leur gloire à faire tout autrement que lui?

III.

Quels sont les véritables apôtres de la *liberté?* Sont-ce les prêtres catholiques ou MM. les rédacteurs du *Siècle?*

Que le clergé catholique se glorifie d'être éminemment libéral, rien n'est plus naturel ni plus logique. C'est le christianisme qui a porté la liberté dans le monde; c'est à son influence bienfaisante qu'est due la destruction de l'esclavage et du despotisme dans la famille et la société. L'Église n'aurait-elle uniquement que la gloire de son passé, ce serait assez pour la rendre précieuse aux vrais amis de la liberté, pour lui attirer l'admiration et la reconnaissance de tous les peuples. Mais elle a plus que son passé : ce qu'elle a voulu autrefois, elle le veut encore; ce qu'elle a toujours fait pour l'élargissement des vraies libertés, elle le fait encore. Elle est aujourd'hui ce qu'elle a été depuis son existence : essentiellement attachée au développement de la liberté.

Pour vous, Messieurs, aimez-vous sincèrement la liberté? *Le Siècle* est-il en réalité un journal par-dessus tout libéral? C'est ce que vous tenez à insinuer, c'est ce que croient quelques-uns de vos amis; mais, il faut bien vous l'avouer, ce n'est point la conviction de ceux qui savent en quoi consiste la liberté. On croit avec raison que, vous souciant fort peu des conquêtes libérales, vous ne tenez aux libertés que lorsqu'elles vous regardent personnellement, et surtout lorsqu'elles vous donnent le droit de tout dire contre la religion et ses ministres (1).

On peut dire des mots ce qu'on dit des choses; il n'en est pas un seul dont on ne puisse abuser et dont on n'ait abusé réellement. Cela est vrai surtout pour le mot de *liberté*. Ce mot est le cri de ceux qui oppriment comme de ceux qui sont opprimés; de ceux qui violent les droits commé de ceux qui les respectent.

C'est au nom de la liberté que certains fils, brisant les liens de l'autorité paternelle, abandonnent, méprisent, outragent ceux qu'ils devraient aimer, honorer et secourir. Si quelquefois des ambitieux, des mécontents se révoltent contre le pouvoir établi, c'est encore au nom même

---

(1) M. le premier président Barthe, au sujet de la récente discussion sur les congrégations religieuses, disait en plein Sénat : « Le pétitionnaire ajoute » que les gens de la révolution, les démagogues, sont très favorables aux » congrégations, parce qu'ils trouvent dans leur existence un prétexte pour » s'organiser politiquement. Il n'en est rien. J'ai eu à lutter contre ces opi- » nions, et je puis assurer que si elles sont très tolérantes, très libérales » pour leur compte ; quand il s'agit d'établissements religieux, il n'y a pas » de tyrannie qu'elles n'acceptent, qu'elles ne réclament. *Il y a certaines* » *attaques qui ont été de tout temps des armes de parti et des moyens* » *faciles de popularité pour ceux qui les emploient.* »

Il est possible que le premier président ne pensât nullement au journal *le Siècle* en prononçant ces paroles ; mais, par le fait, il l'appréciait sagement.

de la liberté. Il en est de même de ceux qui attentent aux droits de propriété, outragent la religion et ses ministres, et dressent des échafauds pour enlever la vie à ceux qui n'épousent point leurs querelles.

C'est donc que l'on confond le *droit* avec la *force*, la *liberté* avec la *licence*, ou plutôt avec le despotisme le plus cruel et le plus ignominieux. Cette confusion seule peut expliquer comment certains esprits ont pu accuser l'Église de favoriser le despotisme au détriment de la liberté, et se faire regarder eux-mêmes comme les propagateurs des tendances libérales, tandis qu'ils ne sont, en réalité, que les fauteurs des idées les plus surannées et les plus rétrogrades.

Non-seulement l'Église sait ce que vaut la liberté, mais elle sait où elle est et comment elle doit s'exercer. Ce n'est point elle qui la fait consister dans la violation des droits, mais bien au contraire dans l'accomplissement des devoirs. Quelle est l'aspiration légitime, quelle est la mesure libérale qu'elle ne se fasse un devoir de recommander et de patroner? Je vous défie d'en nommer une seule qui n'ait reçu son appui et son admiration. Cela est vrai pour la liberté de conscience, comme pour la liberté de la presse et la liberté d'enseignement; en un mot, pour toutes les tendances libérales.

Comment l'Eglise pourrait-elle ne pas tenir à la liberté de conscience? N'est-il pas naturel qu'on soit fier de ses conquêtes, et n'est-ce pas elle qui l'a conquise au prix du sang le plus généreux? Ce n'est point une fois, c'est toujours; ce n'est point seulement dans une localité, c'est dans presque toutes les parties de l'univers qu'on peut admirer ses combats et ses triomphes à cet égard. Ce que les martyrs des premiers siècles ont souffert pour la liberté religieuse de la part des empereurs romains, les prêtres français l'ont souffert de la part des révolutionnaires de 93.

Cependant, à vous entendre parler, ne semblerait-il pas que le clergé catholique n'ait rien tant à cœur que d'étouffer cette précieuse liberté, et que ses vœux les plus explicites, comme les plus ardents, soient de restaurer les inquisitions et les bûchers. On vous a dit mille fois que la violence religieuse n'a jamais été l'œuvre de l'Eglise, mais uniquement celle de la politique; mais vous tenez à revenir souvent sur ces sortes de violences. On vous voit joyeux et triomphants quand vous pouvez parvenir à jeter de l'ombre à cet égard dans le langage de l'histoire. Nous le savons, Messieurs, sous le faux prétexte de condamner, de récriminer les inquisiteurs des temps passés, vous cherchez à en former de plus cruels. Sous prétexte d'éteindre des bûchers, vous voudriez en allumer d'autres plus ardents; sous prétexte de protéger les principes de la révolution de 89, vous voudriez les dénaturer en les changeant en lois despotiques. Vos projets sont vains; vous ne réussirez pas. L'humanité connaît trop le prix des libertés sociales et politiques pour les confier à votre sollicitude et les sacrifier à vos caprices. Vous pouvez attaquer la liberté sous prétexte de la défendre, mais vous ne parviendrez pas à l'étouffer. N'est-ce pas assez de pouvoir la censurer à l'ombre même de son nom?

Nous, prêtres catholiques, que pouvons-nous, que faisons-nous pour violenter vos consciences? Prenons-nous des fusils, comme vos amis les garibaldiens, pour vous imposer nos convictions? Non, Messieurs; nous nous contentons de vous tenir le langage que doit tenir tout apôtre de la science et de la vérité, tout ami sincère des intérêts de ses frères. Nous vous disons donc : « Voici la vérité; c'est une obligation pour nous de vous l'enseigner, et pour vous une obligation d'y donner votre adhésion. Rien ne vous empêche de la repousser, mais le Dieu de vérité vous demandera compte de cette obstination. » Pouvons-nous vous tenir un autre langage sans manquer à notre conscience? Le mathématicien est-il libre d'enseigner que deux et deux ne font pas quatre? Le médecin est-il libre de conseiller à son malade des potions empoisonnées? Non-seulement il vous est permis de n'être point catholiques, mais il vous est permis encore de n'être ni juifs, ni bouddhistes, ni mahométans, ni anglicans, ni luthériens, ni calvinistes, ni saint-simoniens, etc., etc. Que pouvez-vous désirer de plus? Avouez que, pour n'être pas content, il faut n'être pas raisonnable.

Êtes-vous pour nous ce que nous sommes pour vous? En demandant l'élargissement de la liberté religieuse, la demandez-vous pour tous, aussi bien pour les catholiques que pour les abonnés du *Siècle?* Non, mille fois non (1). Vous n'avez cessé un seul instant de crier contre nos libertés, sous prétexte qu'elles étaient trop étendues. Non-seulement vous les avez condamnées, mais vous avez conjuré

---

(1) Le gouvernement piémontais persécute les évêques qui n'ont pas cru devoir prier pour lui. Que diraient les rédacteurs du *Siècle* si un gouvernement les obligeait de prier même pour le propre salut de leur âme? Cependant, ils ne font rien pour obtenir plus de tolérance envers les évêques persécutés.

Les missionnaires catholiques sont maltraités en Chine, les chrétiens gémissent à Constantinople, les Irlandais sont privés des droits les plus sacrés pour le père de famille. Que fait *le Siècle* pour briser des chaînes si funestes à la liberté de conscience?

les gouvernements ou de les supprimer ou de les restreindre. On peut dire de vos tendances sur la liberté religieuse, qu'elles sont mille fois plus rétrogrades que celles du gouvernement le plus despotique. Jamais journal officiel n'a été aussi sévère que le vôtre à cet égard. Pour citer un exemple sur cent, n'est-ce pas *le Siècle* qui disait, dans son numéro du 13 octobre 1859 : « Que le gouvernement
» le veuille, et le clergé sera immédiatement forcé de se
» renfermer dans le temple et de pratiquer les maximes
» du divin Maître dont le royaume n'est pas de ce monde.
» On a beaucoup parlé, depuis le rétablissement de l'Em-
» pire, du principe d'autorité ; que devient donc ce prin-
» cipe si des évêques peuvent, dans des mandements,
» *prêcher une croisade contre la Constitution, contre le*
» *gouvernement qui les protége,* contre les alliés de la
» France ?... Nous savons qu'en écrivant ces lignes, nous
» allons ameuter contre nous toutes les colères des roya-
» listes et des ultramontains. Nous allons faire surgir mille
» calomnies ; on va nous accuser de ne vouloir la liberté
» que pour nous et de la refuser aux membres les plus
» éclairés et les plus respectés du clergé. Ces déclamations
» ne seront pas nouvelles, et nous toucheront peu. Que
» MM. les évêques écrivent dans les journaux, qu'ils fas-
» sent des livres, des brochures, même des pamphlets ;
» qu'ils usent, à leurs risques et périls, de leurs droits de
» citoyen, rien de mieux ! Mais, comme pouvoir spirituel,
» ils ont d'autres devoirs heureusement définis par les
» concordats et les lois religieuses ; ils ne peuvent élever
» autel contre autel, et ne peuvent créer un Etat dans
» l'Etat ; ils ne peuvent transformer des mandements, qui
» ne doivent être que des instructions religieuses, *en appels*

» *à la révolte.* » Et ailleurs : « La question romaine est
» toute politique ; elle n'intéresse en rien les consciences ;
» elle n'a aucun rapport avec la religion ; *tolérer plus long-*
» *temps les contradictions qui osent se manifester,* c'est lais-
» ser la chaire se transformer en tribune et le sanctuaire
» en club ; c'est confondre le spirituel et le temporel. »

Si ce langage peut se vanter d'être libéral, pourquoi
n'accorderait-on pas le même honneur à tout ce qu'il y a
de plus coercitif? Il me semble, en effet, que cette prérogative convient bien moins aux menaces et aux dénonciations indirectes du *Siècle* qu'aux réquisitions des procureurs impériaux, aux rapports des commissaires, aux pro-
cès-verbaux des gendarmes et des gardes-champêtres.

Non-seulement vous n'êtes pas larges, mais vous n'êtes
pas justes à notre égard dans les applications de la liberté
de conscience. Ce n'est pas seulement d'après les lois naturelles, c'est encore d'après les lois positives de notre
patrie qu'il nous est permis d'embrasser la religion catholique ! Mais, convenir que nous pouvons être catholiques,
c'est avouer que nous pouvons reconnaître l'évêque de
Rome pour pasteur et pour père. Si donc l'évêque de Rome
peut se dire notre père, n'est-il pas permis, n'est-il pas
même naturel de notre part de lui exprimer nos sentiments
d'amour et de reconnaissance? Si ce père devient malheureux, ne pouvons-nous pas lui témoigner nos sympathies
et nos regrets sur ses malheurs ? Ne pouvons-nous pas
adresser des vœux au ciel pour demander la fin de ses tribulations ? Ne pouvons-nous pas même lui chercher des
amis et des protecteurs pour l'aider dans sa détresse? Oui,
nous pouvions et nous devions faire tout cela.

La jouissance de cette liberté naturelle, la nécessité de

ces devoirs ont été comprises par toutes les âmes généreuses et bien intentionnées. C'est un droit que l'Empereur
lui-même a voulu confirmer hautement. En a-t-il été de
même de vous et de vos amis ? Evidemment non. Car, au
lieu de favoriser l'exercice de nos droits, il n'est rien que
vous n'ayez soulevé pour faire tomber sur nous la méfiance
de l'opinion publique et même du gouvernement.

« Chose étrange ! disait M. de Montalembert aux pairs
» de France, sous le gouvernement de Juillet, dans un
» pays comme celui-ci, où toutes les plaintes de l'opposi-
» tion sont, en quelque sorte, le pain quotidien de la pu-
» blicité et de la presse, où la vie publique n'est qu'une
» espèce de murmure continuel, chaque fois qu'il arrive
» au moindre citoyen d'élever une plainte contre ce qui le
» gêne ou l'opprime, aussitôt il rencontre de nombreuses
» sympathies ; de vives sollicitudes s'attachent à sa per-
» sonne, et de nombreux encouragements lui sont décer-
» nés. Mais chaque fois qu'un évêque, qu'un prêtre, qu'un
» catholique élève la voix et proteste au nom de son opi-
» nion, de sa conscience, aussitôt une meute acharnée de
» journalistes, d'avocats, de procureurs généraux, de
» conseillers d'Etat se déchaîne contre lui ; on cherche à
» présenter, soit comme un forfait, soif comme une grave
» inconvenance, chez lui, ce qui est le droit naturel et
» habituel des autres citoyens. Comme si l'épiscopat, le
» sacerdoce étaient en France une obligation de mutisme
» et de servilité ; l'obéissance passive à tout ce que veut
» et à tout ce que pense le gouvernement ; comme si ce
» grand corps catholique de quatre-vingts évêques, de cin-
» quante mille prêtres, de plusieurs millions de fidèles,
» qui existe dans ce pays depuis quinze siècles, devait

» être exclu de cette liberté de la plainte qui est le droit
» commun et l'apanage de tous les Français! »

N'est-ce pas surtout au parti que vous représentez que
doivent s'adresser des plaintes si justes, des reproches si
bien fondés?

Il en est de la liberté d'enseignement comme de la liberté de conscience : c'est nous, et non vous, qui avons
droit de nous en proclamer les vrais sauveurs et les vrais
protecteurs.

Si le père de famille est tenu envers ses enfants de développer la vie de l'esprit aussi bien que celle du corps,
il est maître par cela même de choisir l'instruction qu'il
regarde comme la plus propre à leur dignité et à leur
bonheur. C'est un droit qui résulte naturellement de son
autorité de père; il le tient du Créateur lui-même; nul
pouvoir ne peut le lui ravir légitimement.

Ce qu'on ne devait pas faire, on l'a fait pourtant pendant assez longtemps. Si on n'a point envoyé de gendarmes pour se saisir de l'enfant et l'instruire malgré la volonté du père, on a dit à ce père : « Vous êtes obligé d'en-
voyer votre enfant dans telle maison d'éducation, de lui
imprimer tel mode d'instruction, sous peine de voir cet
enfant éloigné de tout grade et de tout emploi. Serait-il
savant comme Newton, parfait comme saint Louis, peu
importe, sa science et sa probité ne seront comptées pour
rien; il suffit que son éducation ait été formée dans un
collége catholique pour qu'il n'aspire jamais au titre de
bachelier. »

Dites-moi, était-ce là de la liberté, était-ce même de la
justice? Quelle que soit votre témérité, vous n'oseriez l'affirmer. Cependant, qu'avez-vous fait alors pour briser ces

mesures despotiques, et restituer aux pères de famille la puissance de leurs droits les plus légitimes et les plus sacrés? Vous n'avez rien fait, parce que vous saviez qu'en travaillant pour la liberté des laïcs, vous auriez travaillé par cela même pour la liberté des ecclésiastiques! Cette seule considération suffit pour vous arrêter et même pour attirer votre indifférence et votre mépris pour une liberté de ce genre.

Pour nous, Messieurs, les libertés nous sont trop chères, et surtout celle-ci, pour que nous soyons restés dans le silence et l'inertie. Nous avons plaidé auprès du gouvernement, auprès de l'opinion publique en faveur des droits de la famille, et enfin justice a été faite à nos réclamations. La formation des générations par l'éducation et l'instruction nous a été confiée par Dieu lui-même; c'est Jésus-Christ qui nous a dit, en nous envoyant au milieu des peuples : *Docete*. C'est un droit qui nous est trop cher, dans l'intérêt même du bien, pour nous en déposséder volontairement; on peut nous le ravir, mais non nous le faire renier. Cependant, qu'on ne s'y trompe pas : ce ne sont point des priviléges que nous réclamons; nous ne demandons point la liberté à votre manière. Ce que nous voulons pour nous, nous le voulons en même temps pour les autres. Nous ne disons point que les pères de famille sont obligés de nous confier leurs enfants; mais nous disons qu'ils doivent être libres de nous les confier, si telle est leur volonté bien exprimée. Nous ne disons point que nos élèves seuls doivent aspirer aux grades et aux emplois; mais nous prétendons qu'on ne doit point les en exclure sous le seul prétexte qu'ils ont fréquenté nos écoles. Si on s'obstinait à nommer cela des priviléges, c'est qu'il y aurait impossibilité absolue de découvrir des traces de liberté en dehors de vos principes et de vos idées. Alors, ce ne serait point en Dieu, mais uniquement dans le journal *le Siècle* qu'il faudrait chercher et étudier la véritable source de la liberté (1).

Non, Messieurs, rien ne vous paraîtrait plus naturel ni plus juste que la liberté d'enseigner, si elle s'adressait uniquement à vos amis antireligieux; mais vous êtes courroucés de voir que le clergé a droit d'y participer. Seule, la forme de vos railleries bizarres suffit pour nous apprendre que rien ne vous déplaît autant que cette liberté. « Cette question de l'enseignement, disiez-vous le 10 mars 1860, si capitale, si controversée, rappelle la fable de la Lice et de sa Compagne. Le clergé a réclamé avec acharnement, pendant de longues années, la faculté d'enseigner

---

(1) Il ne sera pas inutile de mentionner ici une appréciation faite tout récemment par M. Guizot dans le IIIe volume de ses Mémoires. Cet homme d'Etat, se reportant ici à l'époque où il était ministre de l'instruction publique, nous dit : « C'est quelquefois l'erreur du pouvoir, quand il entreprend une œuvre importante, de vouloir l'accomplir seul, et de se méfier de la liberté comme d'une rivale, ou même une ennemie. J'étais loin de ressentir cette méfiance ; j'avais, au contraire, la conviction que le concours du zèle libre, surtout du zèle religieux, était indispensable et pour la propagation efficace de l'instruction populaire, et pour sa bonne direction. Il y a, dans le monde laïque, des élans généreux, des accès d'ardeur morale qui font faire aux grandes bonnes œuvres publiques de rapides et puissants progrès ; mais l'esprit de foi et de charité chrétienne porte seul, dans de tels travaux, ce complet désintéressement, ce goût et cette habitude du sacrifice, cette persévérance modeste qui en assurent et en épurent le succès. Aussi pris-je grand soin de défendre les associations religieuses vouées à l'instruction primaire contre les préventions et le mauvais vouloir dont elles étaient souvent l'objet. Non-seulement je les protégeai dans leur liberté, mais je leur vins en aide dans leurs besoins, les considérant comme les plus honorables concurrents et les plus sûrs auxiliaires que, dans ses efforts pour l'éducation populaire, le pouvoir civil pût rencontrer. »

concurremment avec l'Université. Cette faculté lui a été concédée par la fameuse loi à laquelle M. de Falloux a attaché son nom. Le clergé en a usé et abusé ; il a fait à l'Université une concurrence regrettable ; il a façonné une portion considérable de la jeunesse française à son image. Aujourd'hui, ce n'est plus assez. On lui a laissé mettre deux pieds dans l'enseignement, il veut en mettre quatre. C'est toute la scène du *Tartufe :* la maison est à moi ! c'est à vous d'en sortir ! »

Ce qui prouve que vous avez de la haine et non de l'amour pour toutes les libertés auxquelles nous avons droit de participer, c'est que vous avez toujours accueilli avec joie et reconnaissance ce qui vous a paru affaiblir et restreindre la liberté dans l'enseignement. Ainsi, au mois de février 1854, vous disiez : « Le journal de l'Empire a fait connaître, il y a peu, un nouveau projet de loi sur l'instruction publique, projet qui, du côté des auteurs de la loi Montalembert, a été l'objet d'une vive polémique.

» Certes, nous voyons avec peine que l'instruction publique soit devenue une sorte de terrain mouvant sur lequel aucune fondation durable semble ne pouvoir être jetée. Nous regrettons que l'ouvrage du lendemain y détruise, presque chaque jour, l'ouvrage de la veille. Si une branche de la prospérité du pays nous paraît réclamer une certaine fixité, c'est précisément celle qui a rapport aux intérêts moraux.

» Mais en même temps nous sommes de ceux qui ont pensé qu'un gouvernement *qui se disait l'héritier des traditions de l'Empire ne laisserait pas subsister l'édifice de la loi Montalembert,* si toutefois on peut donner le nom de loi à cette anarchie légale. Nous avons dit et écrit, dès le commencement, qu'aussitôt que ce gouvernement se sentirait assis, il chercherait à rétablir sur les anciennes bases fortes et solides, non-seulement l'Université, mais l'organisation universitaire à laquelle, en 1850, l'ultramontanisme et une prétendue liberté d'enseignement ont porté des coups si rudes. »

Est-il vrai encore que vous soyez les seuls représentants, les seuls protecteurs, les seuls défenseurs de la liberté de parler et d'écrire? Mais combien d'écrivains, de journalistes parmi les catholiques ont parlé et agi plus solennellement et plus hautement que vous à cet égard! De grâce, quels sont les titres de votre martyre pour la liberté de la presse? Quels sont les témoignages de vos luttes et de vos souffrances? Est-ce la croix de M. Havin, récent chevalier de la Légion-d'Honneur? Mais si la croix d'honneur peut se dire un trophée, elle n'est pas une souffrance, une humiliation, un sacrifice. Est-ce un avertissement donné à votre journal pendant le cours de cette année? Mais si ce blâme vous a été infligé, ce n'est point pour avoir trop exalté les éléments de la liberté, mais, au contraire, pour les avoir flétris dans le christianisme qui en est la source. S'il n'y a point de courage à insulter la faiblesse, ce n'est pas non plus servir la liberté que d'outrager ce qui doit être respecté.

Du reste, si votre journal a eu ses petits malheurs, les journaux religieux n'en ont-ils pas subi de plus grands? Plusieurs de vos adversaires les plus terribles ont succombé, et vous êtes encore debout; ils sont réduits au silence, et vous avez la parole. N'est-ce pas pour vous un triomphe plutôt qu'un malheur d'avoir pu assister triomphalement à leurs funérailles? Si tous vos adversaires n'ont pas péri dans la lutte, la plupart ont été moins prudents que vous : ils sont bien plus près du tombeau que vous ne l'êtes vous-mêmes.

Non-seulement vous n'êtes pas les seuls représentants, les seuls protecteurs, les seuls défenseurs de la liberté, mais on peut dire qu'en réalité vous êtes ses principaux meurtriers. Si le Créateur nous a donné la puissance de parler et d'écrire, c'est uniquement pour développer, manifester la vérité, et non pour l'obscurcir et la dénaturer. C'est pour porter nos frères au bien et non au mal; c'est pour recommander, rehausser le principe d'autorité, et non pour l'affaiblir et le dégrader.

Pourquoi le gouvernement a-t-il posé des limites et des restrictions à la liberté de la tribune et de la presse? Il est rare qu'un gouvernement restreigne des libertés pour le seul plaisir de les restreindre. C'est donc qu'on lui a fait craindre des dangers pour le maintien de l'ordre et sa propre sécurité. C'est pour éviter les écarts et les abus que des mesures répressives ont été établies. Eh bien! quel est le parti qui a fait craindre au gouvernement des écarts et des abus? Quel est le parti qui menaçait de troubler l'ordre social, de renverser le pouvoir établi? Est-ce nous, est-ce vous? Il suffit de poser la question pour deviner la réponse. Aussi, sachez-le bien, quoique vous ayez tout entrepris dans ces derniers temps pour inspirer au gouvernement de la méfiance à notre égard, vous ne parviendrez jamais à obtenir de sa part une pleine et entière confiance. Il connaît trop bien le vide et les dangers de vos utopies pour leur donner la préférence sur la doctrine qui a sauvé les peuples et les Etats pendant dix-huit siècles.

Assurément, l'Eglise étant une institution divine, peut

vivre sans s'appuyer sur l'autorité des pouvoirs séculiers. Elle est heureuse, néanmoins, quand elle trouve des gouvernements bien intentionnés, de les couvrir de sa protection, et cela dans l'intérêt même du bien. Autant un gouvernement peut pour l'erreur et le mal quand il se jette dans de fausses voies, autant il peut pour la vérité et le bien quand il tient à être fidèle à sa mission. Oui, l'Eglise bénit les princes qui veulent le bien ; elle se fait un devoir, comme un bonheur, d'affermir leur autorité, de faciliter leur mission. C'est aussi avec reconnaissance qu'elle accepte l'appui de leur concours, pourvu toutefois que ces princes sachent reconnaître que le principal fondement de notre religion est en Dieu même, celui qui nous a tous créés et doit nous juger tous un jour.

« Que les princes, dit Fénélon, ne se vantent pas de protéger l'Église ; qu'ils ne se flattent pas jusqu'à croire qu'elle tomberait, s'ils ne la portaient pas dans leurs mains. S'ils cessaient de la soutenir, le Tout-Puissant la porterait lui-même. Pour eux, faute de la servir, ils périraient selon les saints oracles. La parole de Dieu, que nous annonçons, n'est liée par aucune puissance humaine. Le monde, en se soumettant à l'Église, n'a point acquis le droit de l'assujétir ; les princes, en devenant les enfants de l'Église, ne sont point devenus ses maîtres : ils doivent la servir, et non la dominer ; baiser la poussière de ses pieds, et non lui imposer le joug. »

Quoique votre feuille soit en réalité moins libérale que bien d'autres, elle a pourtant, aux yeux de plusieurs, le mérite de l'être au plus haut degré. Il m'est arrivé assez souvent, il faut vous le dire ici, de m'enquérir auprès de vos lecteurs du motif qui les déterminait à s'abonner au

Siècle de préférence à tout autre journal. « C'est que, m'a-t-on répondu de toute part, un journal d'opposition est moins monotone qu'un journal du gouvernement, obligé de tout approuver et de tout louer. » Quoique cette appréciation soit celle de vos abonnés, permettez-moi de dire qu'elle n'est ni juste ni bien fondée. Qu'un journal qui a juré d'avance d'approuver et de louer tout ce qui émane du gouvernement, s'expose à être monotone et même à donner de fausses appréciations, je le comprends; mais, tout en professant de l'amour et de la reconnaissance pour le gouvernement, ne peut-on pas se réserver le droit d'apprécier librement et sagement la valeur et l'opportunité de certains actes administratifs? Pourquoi donc un journal, ami de l'ordre et du gouvernement, serait-il forcé, par cela même, d'être plus monotone et plus injuste qu'un journal d'opposition?

Qu'est-ce qu'un journal d'opposition telle que nous l'entendons ici? C'est un journal de parti. Mais, dites-moi, qu'est-ce qui peut rendre un journal plus dangereux et plus injuste dans ses appréciations que l'esprit de parti? Résolu d'avance à justifier, à exalter son parti à tout prix, il exagère ce qui peut le favoriser, comme aussi il passe sous silence tout ce qui peut lui porter préjudice. Si parfois il lui est impossible de se taire sur certains faits de ce genre, alors il les dénature pour en affaiblir la valeur et le langage.

Assurément, l'exagération n'est jamais permise, même en faveur de la vérité; mais, si elle était permise, ne vaudrait-il pas mieux que ce fût pour la cause de l'ordre que pour celle du désordre, pour affermir l'autorité que pour l'ébranler, pour recommander l'obéissance que pour précher la révolte, pour faciliter la mission du gouvernement que pour l'entraver? Quand un gouvernement se propose sincèrement le bien de son peuple, pourquoi semer la méfiance à son égard parmi les populations? C'est l'obliger d'être plus sévère sur la concession des libertés; c'est rendre sa mission plus difficile; c'est nuire à la prospérité du pays. Rien n'est plus criminel que cette célébrité, cette popularité, et, par suite, ce lucre que l'on veut obtenir en faisant de l'opposition à tout prix. L'écrivain ne doit pas être plus injuste que flatteur; il doit se mettre de côté pour ne voir dans sa cause que celle de la vérité et du bien de ses frères. Un gouvernement gagne plutôt qu'il ne perd à entendre toute la vérité sur son compte. Le danger se trouve dans les extrêmes opposés : l'injustice d'un côté, la flatterie de l'autre.

Pour vous, Messieurs les rédacteurs du *Siècle*, vous n'avez rien écrit pour appeler Napoléon III à l'Empire, vous ne faites rien pour assurer le trône à sa dynastie; c'est pourquoi vous ne perdriez rien en perdant l'Empire. Bien plus, si la France devenait républicaine, vous seriez les premiers à réclamer et à recevoir les récompenses du martyre. Donc, dans le fond, vous êtes plutôt les ennemis que les amis du gouvernement; mais si vous êtes très rebelles dans le fond, vous ne l'êtes guère dans la forme. Aux yeux de plusieurs, votre esprit de *prudence* passe quelquefois pour un esprit de *servilité*.

Les catholiques ne sont pas plus opposés aux autres applications libérales, qu'ils ne le sont à la liberté de conscience, à la liberté d'enseignement, à la liberté de la tribune et de la presse. Non-seulement ils ne se sont jamais élevés contre la concession de ces libertés, mais quand ils n'en ont pas été les conquérants, ils en ont été les vrais protecteurs et les vrais conservateurs. N'est-il pas vrai que la liberté d'association, qui est une si belle prérogative, n'a jamais été réclamée avec plus de zèle, ni exercée avec plus de sagesse et de dignité que nous ne l'avons fait au nom de l'Eglise ?

Le Siècle, il faut bien lui rendre cette justice, n'a jamais osé combattre ouvertement contre la liberté des associations en général; mais, ce qui le gêne, ce qui le contrarie, c'est de voir que l'autorisation des conciles, l'existence des sociétés de bienfaisance, des congrégations religieuses, même des Jésuites, sont naturellement protégées à l'ombre de cette liberté. Peut-être qu'en vue de ces conséquences, qui sont pour vous des malheurs et des dangers, vous préféreriez renoncer d'une manière absolue à toute espèce de liberté en ce genre! Comment, en effet, pouvoir proclamer la liberté des associations sans y comprendre les associations catholiques? *Le Siècle* oserait-il imiter un conseil municipal qui, dans une même délibération, porta deux décrets : l'un de tolérance en faveur des filles publiques; l'autre d'intolérance contre des religieuses du Carmel ?

Combien d'épouses, de mères, de familles entières, ont à déplorer amèrement les trafics honteux qui s'exercent continuellement dans les maisons de prostitution, et même dans certains cabarets? Que propose *le Siècle* pour remédier à des maux qui ne sont pas moins funestes à la société qu'aux personnes dépravées qui les cherchent? Ce n'est point là que se porte sa sollicitude, ou plutôt ce n'est point là qu'il sent la nécessité de mesures restrictives et coercitives : c'est uniquement sur les personnes qui, pleines de mépris pour l'égoïsme effréné qui ronge toutes les classes de la société présente, tiennent à s'unir pour prier, et servir plus efficacement les intérêts des pauvres, des malades et des ignorants. A ses yeux, tout le danger est là, et non ailleurs. C'est pourquoi la pétition du sieur Billy, discutée au Sénat le 30 mai, vous allait bien mieux que celle qui fut présentée par des milliers de catholiques pour demander l'attention du gouvernement sur la malheureuse séparation des Romagnes ! (1)

Si vous teniez à être sincères dans vos aveux, vous avoueriez en toute simplicité, Messieurs les rédacteurs, que votre mission consiste bien moins à travailler pour la conquête de libertés plus larges, qu'à faire la guerre à la religion et à ses ministres. Oui, attaquer le pape, les évêques et les prêtres, voilà, je le répète, le but de votre croisade. Pour arriver à ce but, il n'est rien que vous ne tentiez et que vous ne souleviez. Faut-il exalter un chef de flibustiers, traînant à sa suite des ennemis de la France et de l'Empereur, des mécontents, des conspirateurs et même des assassins ? Vous le faites. Faut-il jeter le ridicule et le mépris sur un citoyen français, un homme par-dessus tout libéral, un général que toute l'Europe a pu admirer ? Vous le faites aussi. Faut-il élever au-dessus des nues un roi constitutionnel qui s'enrichit des dépouilles d'autrui ? Vous le faites encore. Faudrait-il faire autre chose, vous

______

(1) Au moment où des catholiques s'écriaient pendant les débats du Sénat : « On étouffe nos pétitions, » *le Siècle* s'écriait à son tour : « Espérons que la leçon donnée aux ultramontains de France produira son effet. Le bruit finissait déjà, il va cesser tout à fait, et il ne restera pour ceux qui l'ont soulevé que la honte d'avoir voulu troubler la paix du monde en secouant des bannières sous lesquelles personne de sensé ne veut plus marcher. »

le feriez aussi. C'est que probablement, à vos yeux, la fin justifie les moyens. N'est-ce pas assez, en effet, que de tenter une croisade contre le clergé catholique qui peut faire pleuvoir sur le monde tant de dangers et de malheurs? Avec un pareil but, rien ne saurait être illicite. Tout ce qui peut y conduire est par cela même légitime, utile et glorieux.

Avouez, Messieurs, qu'il ne peut pas y avoir de plus grand malheur que celui de se laisser entraîner à l'esprit de parti. Non-seulement on est obligé d'être tout autre qu'on ne voudrait paraître, mais souvent, par la force des choses, on se trouve dans la nécessité de louer ce qui est blâmable, de conseiller ce qui est criminel, de haïr ce qui est aimable, et d'outrager ce qui est respectable. Ce n'est point alors une pure illusion : c'est une faute, c'est un crime.

IV.

Quels sont les apôtres du véritable *bien–être* dans l'humanité? Sont-ce les prêtres catholiques ou MM. les rédacteurs du *Siècle?*

Le progrès doit s'adresser à l'homme tout entier, c'est–à-dire à toutes les parties de son être, à tous les besoins de son existence. Puisque donc nous ne sommes pas exclusivement des esprits, mais bien des esprits unis à des corps, les bienfaiteurs de l'humanité doivent travailler au développement du bien–être comme à celui de la science et de la liberté.

Rien n'empêche que ce progrès s'étende aux choses agréables comme aux choses utiles. Rien de contraire en cela aux lois du Créateur. Lui-même, en donnant au monde sensible la puissance de produire tout ce qui est nécessaire à notre conservation, n'a-t-il pas voulu aussi y ajouter des agréments? Si la rose a la faculté de nous plaire par son éclat et son parfum, n'est-ce pas d'après sa propre volonté? N'en est-il pas de même de la beauté du firmament, du gazouillement de l'oiseau, de la fraîcheur du zéphir, du murmure du ruisseau, etc., etc.? Pourquoi donc serait-il criminel pour nous de décorer nos édifices, d'ajouter plus de richesse à nos vêtements et plus d'attrait à notre nourriture de chaque jour? Comment serait-il illicite de nous mettre en possession de tout ce qui peut rendre nos jours plus longs et plus heureux? Du reste, si nous nous sentons la puissance d'opérer tous ces perfectionnements, n'est-ce pas du Créateur lui-même que nous la tenons?

Notre siècle, il faut le dire à sa gloire, a fait un grand pas vers ce progrès. Non-seulement les habitations sont devenues plus saines, les vêtements plus commodes, les mets plus variés, mais on a trouvé moyen d'obtenir tous ces avantages à des prix extrêmement réduits; ce qui fait que les classes pauvres et laborieuses peuvent y participer. Par les conséquences du nouveau traité de commerce, tous ces bienfaits deviendront encore plus faciles et plus répandus.

Grâce à la facilité et à la rapidité des communications, l'homme, roi de toute la terre, peut visiter son domaine et jouir de tous ses produits, même de ceux qui naissent dans les climats les plus éloignés de lui. Il y a dans ces résultats quelque chose de plus grand, de plus beau et de plus utile que l'échange des produits : c'est la communion des intelligences, c'est l'échange des pensées et des sentiments. Les hommes les plus éloignés peuvent, en se voyant, se faire part mutuellement des richesses de leur esprit, des dons de leur cœur. De plus, se voyant plus fréquemment et de plus près, ils apprennent mieux à s'aimer et à se regarder comme de véritables frères, ne formant qu'une seule et même famille : *l'humanité*. Si, pour des motifs quelconques, certains membres de l'humanité ne peuvent aller embrasser leurs frères, l'électricité se charge de porter jusqu'à eux leurs pensées et leurs sentiments, et cela en un clin d'œil. Toutes ces choses ne sont-elles pas belles, précieuses et admirables?

Remarquez, Messieurs les rédacteurs, que c'est là le travail, la gloire de notre siècle, mais non du journal *le Siècle*. Si vous y avez votre part, nous y avons aussi la nôtre. C'est une création de l'intelligence; mais ne sommes-nous pas aussi bien que vous des êtres intelligents? C'est un bien de l'humanité; mais ne sommes-nous pas des hommes comme vous? C'est l'apanage des générations modernes; mais ne vivons-nous pas dans les temps où vous vivez?

Ce qui prouve, direz-vous, que nous ne sommes pour rien dans le progrès industriel, c'est que nous le condamnons. Il est certain, Messieurs, que vous ne cessez de nous présenter comme haïssant tout ce qui est moderne, et regrettant tout ce qui est suranné (1). Assurément, les siècles passés ont leurs mérites et leur gloire; ce serait se rendre coupable d'ignorance et d'injustice que de les leur refuser; mais la gloire des autres siècles n'enlève point celle du nôtre, même à nos yeux. Pourquoi voudrions-nous condamner le progrès industriel qui est la plus belle gloire de ce siècle? Non-seulement nous ne le condamnons

____

(1) Dans son numéro du 6 janvier 1860, *le Siècle* va jusqu'à dire que nous avons anathématisé les chemins de fer.

pas, mais nous l'approuvons, nous l'encourageons et sommes heureux de jouir chaque jour de ses bienfaits. Est-il une seule entreprise, une seule exécution en ce genre, sur laquelle l'Église ne se soit empressée de répandre ses bénédictions par l'organe de ses pontifes et de ses prêtres?

Il y a un prétendu progrès que l'Église réprouve et qu'elle doit réprouver; un progrès que tout homme vraiment jaloux de la dignité de l'homme, vraiment ami du bien de l'humanité, doit se faire un devoir d'abjurer et de repousser. Savez-vous quelle est cette tendance rétrograde et pernicieuse? C'est celle qui veut exclusivement perfectionner le corps sans perfectionner en même temps l'esprit et le cœur; c'est ce prétendu progrès qui ne rougit pas de spéculer sur la vie humaine pour ne voir que la matière et arriver plus vite à la richesse. Une pareille tendance ne peut être que criminelle. Cultiver la matière au détriment de l'intelligence, n'est-ce pas aller contre les lois du Créateur, briser la hiérarchie dans les deux substances qui composent notre être? N'est-ce pas une indigne et honteuse inclination de l'esprit devant le corps pour le servir et l'adorer?

Le progrès réel vers le bien-être ne consiste pas seulement dans la multiplication des jouissances, mais surtout dans la sagesse avec laquelle on apprend à en user. L'homme le plus heureux n'est pas celui qui jouit le plus abondamment, mais bien celui qui jouit le plus sagement. Inspirer aux peuples l'amour exclusif des jouissances légitimes, voilà ce qu'il y a de plus important, de plus utile à la grandeur et au bien de l'humanité. Est-il vrai qu'à cet égard, l'enseignement du *Siècle* soit plus sublime et sur-

.tout plus efficace pour le bien-être que celui du catholicisme ?

Les hommes dont la société se compose peuvent se
classer en trois catégories : les uns peuvent, sans recourir
aux ressources du travail manuel, pourvoir à tous les
besoins de leur existence : ce sont les *riches ;* d'autres,
sans avoir de quoi vivre, se trouvent dans l'impuissance
de travailler à raison de leur âge, de leurs infirmités ou
d'autres accidents divers : ce sont les véritables *pauvres ;*
d'autres enfin, parfaitement valides, peuvent trouver dans
le prix de leur travail les ressources nécessaires à leur
famille et à eux-mêmes : ce sont les *ouvriers.* La voie du
bien-être n'est pas la même pour tous ; quelle est donc
celle que vous enseignez aux uns et aux autres ?

Aux riches nous disons, au nom de la religion catholique : « Il vous est permis d'user des biens que vous pos-
» sédez ; mais, pour ne point abuser des jouissances sen-
» sibles, n'oubliez jamais qu'elles ne sont point la fin
» dernière de l'homme, être par-dessus tout intelligent et
» immortel. » C'est pourquoi les riches les plus éminemment chrétiens sont ceux-là même qui font preuve de plus
de sagesse dans les jouissances, et sont capables de la
charité la plus efficace pour le soulagement de la misère.

Vous, Messieurs, appartenant à une école qui ajoute
bien moins d'importance que la nôtre aux joies de la vie
future, naturellement vous vous attachez, presque exclusivement, à celle d'ici-bas. De là cette soif immodérée des
plaisirs, cet amour excessif de l'argent qui en est la voie,
et qu'on veut acquérir à tout prix. Qu'arrive-t-il donc ?
Comme on ne peut pousser la jouissance jusqu'à l'excès
sans violer les lois du Créateur, on subit même sur la terre

le châtiment de son égoïsme et de sa sensualité. Non–seulement les tempéraments s'affaiblissent, mais les existences s'abrègent. Ce n'est donc point là faire progresser le bien–être.

Il n'est pas besoin d'ajouter que vous servez encore bien moins les intérêts des pauvres que ceux des riches. En ne faisant de ces derniers que des consommateurs, il en résulte que celui même qui a des millions ne trouve pas seulement une obole, à la fin de l'année, pour secourir la veuve et l'orphelin.

Non–seulement vous ne cherchez point à exciter l'esprit de charité là où il n'est pas encore, mais vous voudriez l'éteindre là où il est le plus noble, le plus puissant et le plus efficace. Tous les pauvres de France sont d'accord sur un point : c'est d'être tous pleins d'amour et de reconnaissance pour la Société de Saint-Vincent-de-Paul qui leur fait tant de bien. Cependant, votre haine pour tout ce qui s'attache au catholicisme ne vous a-t-elle pas poussés jusqu'à insulter une institution si précieuse ? N'est-ce pas d'elle que vous disiez, le 16 janvier de cette année : « Nous » ne croirons jamais qu'il soit utile aux intérêts des pau- » vres qu'un comité central, réuni à une commission mys- » térieuse, dirige quatorze cents conférences à l'étranger, » sans compter deux cent vingt conseils particuliers. Nous » craignons que, plus tard, ces associations n'offrent de » grands dangers, et que, sur les budgets immenses dont » elles disposeront, il ne soit prélevé de fortes sommes » pour soutenir l'action de l'ultramontanisme ; et nous ne » concevrions pas que des catholiques qui verraient avec » effroi le chef du gouvernement civil devenir aussi le » chef religieux, comme en Angleterre, en Russie, etc.,

» voulussent voir la France enrégimentée charitablement
» et religieusement sous un prince étranger. »

C'est déjà beaucoup que de donner à celui qui souffre son pain de chaque jour; cependant ce n'est pas encore assez pour lui faire oublier son malheur. Le pauvre intelligent souffre moralement, lors même qu'il reçoit les aliments et les vêtements qui lui sont nécessaires. Son état ne reste-t-il pas toujours pour lui un état d'humiliation? N'est-il pas tenté de se regarder encore comme un objet de malédiction de la part de Dieu et de la société? Oui, cette tentation serait naturelle au pauvre et le rendrait mille fois plus malheureux, s'il n'apprenait de l'enseignement chrétien ce qu'il est réellement par rapport à Dieu et par rapport à la société. C'est, en effet, par le prêtre et le prêtre seulement que le pauvre apprend à se connaître. Il sait de nous que, malgré ses malheurs, sa dignité est aussi haute que celle du riche, qui est son frère. Il sait que la fin de cette vie n'est que le commencement d'une autre plus durable; il sait que Dieu étant juste et voyant tout, saura le récompenser de toutes les souffrances qu'il aura supportées avec amour et résignation. Rien de plus propre que cette fécondité de la souffrance pour relever la dignité du pauvre et le placer bien plus haut, même dans l'ordre du bien-être temporel.

Toujours on a vu des pauvres, on en verra toujours; rien de plus certain, car il y aura toujours des vieillards et des infirmes. Ce n'est donc pas là qu'est le mal qui ronge la société et nuit au véritable bien-être de l'humanité. Le mal, c'est qu'un grand nombre d'ouvriers qui pourraient se suffire ne se suffisent pas; qui pourraient pourvoir aux besoins de leur famille. laissent cette charge et ce soin à la société. Voilà un mal qui, à raison même de sa progression continuelle, épouvante les légistes les plus sages, les économistes les mieux intentionnés. Quelque criminelles que soient en elles-mêmes les sources de la pauvreté, ce n'est point un motif pour suivre les principes de certains économistes anglais, en laissant les pauvres mourir de faim. Mais, tout en portant secours à la misère, il faut porter remède aux causes du paupérisme qui s'accroît chaque jour d'une manière effrayante. Quels remèdes proposez-vous, Messieurs? Je les prévois : ce sont les caisses d'épargne, les sociétés de secours mutuels, les caisses de retraite. Rien de mieux que tout cela. Mais ces institutions, quoique très bonnes et très utiles, sont insuffisantes. Depuis assez longtemps nous avons des caisses d'épargne, des sociétés de secours mutuels, des caisses de retraite, et, malgré cela, le paupérisme n'a cessé de s'accroître.

Quelles sont donc les sources du paupérisme? Ce sont l'imprévoyance, la négligence, la débauche de certains ouvriers. L'essentiel est donc de rendre ces ouvriers plus prévoyants, plus laborieux et plus tempérants ; en un mot, plus vertueux. Comme la morale ne peut se séparer de la religion, les moraliser ne peut être autre chose que les rendre plus religieux.

Eh bien! Messieurs, que faites-vous pour moraliser les ouvriers, c'est-à-dire pour les rendre plus religieux? Vous recommandez, il est vrai, la sanctification du carnaval, la fête du bœuf gras ; mais tout cela ne suffit pas (1). Pour rendre

(1) *Le Siècle* regrette, cette année, que la fête du carnaval n'ait pas été célébrée aussi solennellement que les années précédentes.

les ouvriers plus religieux, il faut les habituer à observer le jour du repos, à sanctifier le dimanche. Tout ouvrier qui sanctifie le dimanche d'après les prescriptions chrétiennes, peut commettre des fautes, il est vrai ; mais on peut dire de lui qu'il ne laissera pas sa famille dans l'abandon. Au lieu de porter les peuples à la sanctification du dimanche, vous vous irritez, vous blasphémez contre ceux qui la recommandent. Qu'arrive-t-il de là ? Le corps de l'homme n'étant point destiné à travailler sans relâche, l'ouvrier qui ne se repose pas le dimanche se repose le lundi. Comme, ce jour-là, il n'y a point d'églises à fréquenter, de devoirs religieux à accomplir, on va au cabaret au lieu d'aller au temple; on dépense dans la débauche et l'orgie tout ce que l'on a gagné dans la semaine, et on se rend même incapable de travailler le lendemain. Voilà les tristes conséquences de cette doctrine qui rend les ouvriers moins religieux, et, par conséquent, moins sages et moins économes.

Vous le savez aussi bien que nous, Messieurs : si le catholicisme peut procurer le véritable bien-être de l'ouvrier en le rendant plus prévoyant, plus laborieux et plus tempérant, votre doctrine ne peut que l'égarer et le rendre plus malheureux. Si j'éprouvais le moindre besoin de vous convaincre à cet égard, je n'aurais qu'à établir une comparaison fidèle entre les ouvriers religieux de nos campagnes et ceux des cités populeuses, qui lisent *le Siècle* ou en subissent les impressions. Nos ouvriers reçoivent des salaires bien plus minimes que ceux des ouvriers des villes, et cependant ils sont bien plus riches, et surtout bien plus heureux. Ils sont plus riches, car il est rare de les voir mourir dans la misère : ils sont plus heureux, car si tant d'ouvriers des villes se suicident par désespoir, presque tous nos ouvriers meurent dans leur lit.

De grâce, Messieurs, rendez votre enseignement plus religieux, et par cela même plus salutaire au bien-être des ouvriers. Si vous n'y tenez pas dans l'intérêt de votre âme, tenez-y au moins pour le bonheur de ces ouvriers qui, en réalité, ne sont pas moins vos frères que les nôtres. Ah! il vaudrait bien mieux compter moins d'abonnés, réaliser de moins gros bénéfices, et servir plus efficacement la cause du bien, le véritable bonheur de l'humanité!

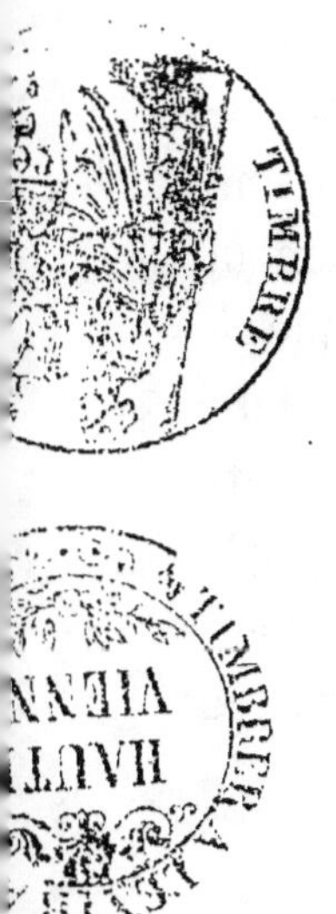

V.

Que faut-il penser des vertus du journal *le Siècle* ?

Que des hommes de parti, en butte par cela même aux
caprices et aux passions, tiennent à être injustes envers
ceux qui n'épousent pas leurs querelles, c'est une faute,
c'est un malheur ; mais ce sont des fautes et des malheurs
que l'on conçoit ; ce sont presque des conséquences naturelles de l'esprit de parti. Mais ce que l'on conçoit dans les
hommes de parti, on ne le concevrait pas dans le vrai catholique. Placé au-dessus de tous les partis, il ne doit condamner que les erreurs préjudiciables à l'enseignement
du vrai ; il ne lui est jamais permis de refuser à qui que ce
soit les droits et les mérites qui lui reviennent. Non, Messieurs les rédacteurs, votre esprit d'injustice envers nous
ne nous donne point le droit d'être injustes à votre égard.

Je dois donc dire que, sous le rapport des talents, vous
ne le cédez en rien aux principaux journalistes de France.

Je m'adresse en ce moment à M. Edmond Texier, à M. Léon Plée, à M. Taxile Delort, à M. Emile Labédollière, à M. Louis Jourdan, à M. Havin, etc. Si je suis court à l'endroit des compliments, c'est que je tiens à ne pas répéter ce qui a été dit fréquemment; et, quel compliment pourrais-je vous adresser qui n'ait été déjà exprimé dans *le Siècle*, et cela en termes mieux choisis et plus pompeux que je ne pourrais le faire (1) !

Avouer à des écrivains qu'ils ont du talent, est-ce leur dire qu'ils ne font jamais valoir que de bons arguments? Malheureusement, non. Combien d'hommes capables ne se sont servis de la haute puissance de leurs facultés naturelles que pour propager le mal et favoriser les passions? C'est donc que des personnes, bien dotées sous le rapport de l'intelligence, peuvent embrasser une mauvaise cause et se constituer exclusivement les champions d'un parti. C'est ce qui arrive assez souvent à Messieurs les rédacteurs du *Siècle*.

Le Siècle s'étant constitué l'ennemi juré du catholicisme, se croit obligé par cela même de le combattre sur tous les points. Comme cette tâche n'est pas toujours facile, ce journal a pris le parti de repousser les arguments de tout

(1) Il y a quelques mois (10 mars), *le Siècle*, comparant la société religieuse, c'est-à-dire celle des catholiques, avec celle qu'il représente lui-même, et à laquelle il donnait le nom de *laïque*, disait en parlant de cette dernière : *Elle est plus savante, mais elle n'est pas moins morale.* Il est facile de comprendre à qui s'adressent ces éloges. Dans la société dont il s'agit ici, il y a des hommes qui instruisent et d'autres qui sont instruits, des hommes qui écrivent dans un journal et d'autres qui le lisent. Evidemment, la gloire de la science revient aux maîtres, c'est-à-dire à Messieurs les rédacteurs du *Siècle*. Combien de fois n'est-il pas arrivé au *Siècle* de faire brûler le même encens ?

genre par une réponse toujours la même, quoique exprimée de différentes manières. Que les catholiques demandent des libertés plus larges pour l'exercice de leur culte, ou même qu'ils jouissent de celles qui existent déjà, votre journal s'empresse de condamner nos vœux comme nos actes, et nos actes comme nos vœux. Nous ne sommes, dites-vous alors à tout moment, que des ambitieux qui voulons engloutir les sociétés civiles en nous mettant en possession de toutes ses administrations.

Ce langage absurde est toujours votre champ de bataille quand il s'agit de combattre nos réclamations et nos droits dans les libertés civiles et religieuses. Comment pouvoir ne pas rire de ces déclamations, quand on connaît la position qui est faite au clergé depuis bientôt un siècle ? Il est certain que, dans les choses administratives, nous pouvons bien moins qu'un garde-champêtre, et surtout qu'un conseiller municipal. A peine si nous sommes écoutés, pour ne pas dire consultés dans les réparations de nos églises et de nos presbytères, et cependant, *le Siècle* ose reprocher au gouvernement de nous avoir accordé trop de prépondérance à cet égard. N'est-ce pas lui qui s'écriait, le 4 janvier 1860 : « Le gouvernement, depuis dix ans, a eu le tort grave de faire trop de concessions au clergé ; d'avoir permis qu'il intervînt trop dans les affaires civiles. Enfin, MM. les préfets se sont laissé guider avec trop de facilité, dans le choix des fonctionnaires qui relevaient de leur administration, par les préférences des évêques ou des curés. Or, nous l'avons dit et répété bien des fois : le clergé catholique, comme tous les clergés, n'obéit souvent qu'à des intérêts de corporation, et, dans ces derniers temps, il ne s'est si fort ému de la diminution des prérogatives de la puissance séculière et des réformes qui devaient être introduites à Rome, que parce qu'il a craint que si le gouvernement pontifical, moins préoccupé des affaires temporelles, travaillait davantage à la direction spirituelle des âmes, les prélats de France ne fussent obligés d'imiter les princes de l'Eglise, de rentrer dans le temple et de moins intervenir dans les choses de la société laïque. »

N'est-ce pas de vous, Messieurs les rédacteurs, que parlait *l'Union*, quand elle disait, il y a quelques mois : *Ce sont des farceurs?* Que de fois, en vous lisant, n'ai-je pas été forcé de m'abandonner à la même réflexion !

Pour exercer plus d'influence sur ceux qui sont assez crédules pour le prendre au sérieux, *le Siècle* ne craint pas de proclamer, presque tous les matins, que nous faisons cause commune avec les royalistes. Il est rare qu'en parlant de ses adversaires il ne dise pas : les *cléricaux* et les *royalistes.* Il y a en cela plus d'adresse qu'on ne pense. Mais je ne veux point ici scruter vos intentions; je me contente de vous poser cette question : Peut-on regretter ou désirer un gouvernement républicain? Je ne vous crois pas assez impérialistes pour refuser cette concession à des convictions sincères et réfléchies. Si donc on a droit d'être républicain, pourquoi n'aurait-on pas le droit d'être royaliste ?

Cependant, vous pouvez vous rassurer sur notre compte à cet égard. Nous sommes par-dessus tout *catholiques*, c'est-à-dire que nous appartenons à une religion qui embrasse tous les partis sans s'attacher à aucun d'eux. Si nous respectons les convictions des royalistes, nous respectons aussi les vôtres. Combien de partis ne pourrait-on pas compter dans l'univers? Comment les faire accorder avec cette unité de notre religion, si nous en faisions des conditions de notre foi? Combien de gouvernements n'avons-nous pas vu passer depuis dix-huit siècles? Que serait devenue la perpétuité du catholicisme, si nous l'avions attachée à un gouvernement plutôt qu'à un autre? Nos convictions, croyez-le bien, ne sont point des convictions de parti; elles reposent sur des croyances universelles, enseignées dans tous les temps, et placées au-dessus de tous les partis politiques. Si nous respectons les convictions de ceux qui sont attachés à des gouvernements déchus, nous respectons surtout les pouvoirs établis, et nous nous faisons un devoir de prêcher la fidélité et la soumission à leur égard. Bien plus, n'est-il pas vrai que si nous nous attirons à un si haut degré la haine des révolutionnaires, c'est uniquement parce que nous ne voulons point la violence et l'usurpation contre ceux qui gouvernent? Cependant, comment accorder un fait si palpable avec le langage de ceux qui, en ce moment, nous regardent comme des séditieux dangereux?

Le Siècle, en patronant les bandes révolutionnaires de l'Italie, s'est constitué l'ennemi de tout droit dans la souveraineté. Que fait-il pour se débarrasser de tous les arguments par lesquels on combat ses dangereuses utopies? Il répond toujours de même : « Je combats, dites-vous alors, contre le droit divin, contre la légitimité, en faveur de la souveraineté du peuple. » Moi aussi, Messieurs, je crois, aussi bien que vous, à la souveraineté du peuple; mais c'est précisément parce que je crois à ce droit que je ne veux point en faire une chimère.

Je prétends donc que certains ambitieux, que certains

mécontents, lors même qu'ils ont la force pour eux, ne peuvent détruire le lendemain un gouvernement consacré la veille par l'immense majorité de la nation. Si Garibaldi, ennemi juré de la France et de l'Empereur, s'imaginait, dans ses appréciations, que nous ne jouissons point de libertés assez larges, et arrivait en France, avec ses pirates, pour exciter les populations contre le gouvernement actuel, que lui diriez-vous? Je ne sais pas ce que vous lui répondriez; mais, pour moi, voici la réponse qui se déduirait de mes convictions : « De ce que, lui dirais-je, le gouvernement actuel n'agit pas au gré de vos désirs, je ne vous reconnais pas pour cela le droit de le renverser. Des pirates étrangers, quelques révolutionnaires français ne peuvent détruire, par des barricades, l'œuvre de huit millions de citoyens honnêtes. » La surprise, la force, la violence donneraient-elles le succès à ces tentatives, je n'en conserverais pas moins les mêmes convictions, et n'en tiendrais pas moins le même langage. Eh bien, Messieurs, ce que je vous dis ici, d'autres vous le disent également. Combattez donc sur ce terrain, et ne répétez plus que tous ceux qui ne sont point vos amis sont des partisans du droit divin, des ennemis jurés des grands principes de 89. Affecter de répondre à toute espèce d'arguments en matières sociales et politiques par des professions de foi et d'amour en faveur de la souveraineté du peuple, c'est sortir de la question, c'est vouloir payer uniquement de mots. C'est ce qu'on appelle vulgairement *jeter de la poudre aux yeux.*

Savez-vous, Messieurs, quelle est la vertu qu'on aimait le moins avant la venue de Jésus-Christ sur la terre? C'est la vertu d'humilité. Non-seulement elle n'était point pratiquée, mais on était presque tenté de la regarder comme un défaut. Si je ne me trompe, *le Siècle* ne tient aucun compte de la régénération opérée à cet égard par l'Homme-Dieu. Il ne se sent aucun attrait pour cette vertu ; peut-être la regarde-t-il comme un vice ! Ce qu'il y a de certain, c'est qu'il ne tient point à la pratiquer.

Quelquefois, quoique bien rarement, vous ne dédaignez pas de vous appeler *humbles* (1). Mais ce qui prouve que c'est plutôt un *lapsus linguæ* qu'une conviction, c'est que vous vous montrez pleins d'ostentation, alors même que vous dites être humbles. Il est facile de comprendre que si l'humilité n'est point pratiquée dans des articles de ce genre, elle ne l'est point ailleurs à plus forte raison. Mais comme le sage n'avance rien qu'il ne prouve, je tiens à donner des preuves de mon assertion.

L'humilité consiste non-seulement à se méfier de ses propres forces, mais à croire à celles des autres. Or, vous ne voulez rien de tout cela. Est-il arrivé une seule fois au *Siècle* d'avouer purement et simplement qu'il s'est trompé dans ses appréciations ? Jamais. Tout en convenant qu'il peut faillir, il n'avoue jamais avoir failli. Si donc il ne prétend pas à l'infaillibilité de *droit*, il prétend à celle de *fait*. *Le Siècle* s'est-il dit une seule fois moins savant et moins sage que ceux qui pensent autrement que lui ? Jamais. Ses adversaires s'égarent par les préjugés, l'esprit de parti, l'ignorance, la mauvaise foi ; mais *le Siècle*, jamais. Ne nous assure-t-il pas lui-même qu'il n'a jamais senti le besoin de désavouer un seul de ses principes et même d'en

____

(1) Ainsi, le 19 mai 1860, les rédacteurs du *Siècle* se disaient d'*humbles* apôtres.

dévier? *Le Siècle* vous dira lui-même qu'il n'en est pas de même des autres.

Ce qui prouve invinciblement que *le Siècle* a une haute, et peut-être trop haute idée de lui-même, c'est qu'il a la prétention de faire la leçon à tous les membres de la société, quels que soient leur âge, leur condition, leur sexe, etc., etc. En cela, je l'avoue, il ne fait qu'être conséquent; car, s'il ne se trompe jamais, il peut et il doit instruire ses frères et chercher à ramener tous ceux qui s'égarent.

Que *le Siècle* fasse la leçon aux peuples, rien ne paraît plus naturel; il y a tant d'ignorants parmi les peuples! Mais il ne s'arrête point là; il se croit obligé de la faire aussi aux gouvernements et à tous les gouvernements. Quel est en effet en Europe, je dirais presque dans l'univers, le gouvernement qui n'a point *entendu* (je ne dis pas *écouté*) des conseils et même des ordres de la part des rédacteurs du *Siècle?* Votre journal a des voies tracées non-seulement pour Rome, Naples, l'Espagne, l'Autriche, etc., etc.; mais encore pour le gouvernement de notre patrie.

Il est bien rare qu'un ministre français ait rédigé une circulaire importante sans que *le Siècle* en revendique une large part. Ce que le ministre décrète, *le Siècle* l'avait décrété bien longtemps avant. Il en est ainsi non-seulement pour le ministre des affaires étrangères, mais encore pour celui de la justice (1), et même pour celui des cultes (2).

---

(1) Ainsi, *le Siècle* disait, le 21 mars 1860 : « Le tableau des divers délits soumis à la juridiction correctionnelle comprend 211,000 prévenus. Là encore, les délits contre les mœurs ont suivi une progression regrettable. Le ministre de la justice fait précéder ce tableau de *réflexions qui justifient*

On sera bientôt tenté de croire que les ministres, avant de rédiger une circulaire, vont feuilleter *le Siècle* pour y puiser leurs meilleures inspirations.

Les leçons politiques du *Siècle* ne s'arrêtent point à quelques ministres; elles s'adressent au gouvernement tout entier. N'est-ce pas vous, Monsieur Havin, directeur politique du *Siècle*, qui commenciez ainsi un article ayant pour but de tracer la voie du gouvernement : « Comme citoyen, comme directeur d'un journal qui est lu, chaque matin, par *un million* de Français, nous avons le droit de donner de simples conseils? » (1) Ce que vous appelez si modestement de *simples conseils*, ressemble fort à des ordres intimés, car presque tous les alinéas de cet article commencent par ces mots : *il faut*, ou ceux-ci : *il ne faut pas*.

Comment *le Siècle* n'aurait-il pas droit de faire la leçon à toutes sortes de personnes ? Ce n'est pas seulement dans les matières politiques et sociales que sa science est supérieure à celle de tous les autres, il en est de même dans

celles *que nous avons nous-mêmes exprimées : « L'abondance de la ré-
» colte en céréales, dit-il, en diminuant la misère, a amené la diminution
» des crimes et délits qu'elle inspire, des vols notamment. »

(2) « La question papale, disait *le Siècle*, le 21 février 1860, a été traitée avec logique et lucidité par le ministre des affaires étrangères; mais on attendait encore des observations du ministre que ses attributions obligeaient d'intervenir. M. Rouland a fait paraître sa circulaire. Ce document si important doit être analysé et étudié avec soin. *Nous sommes heureux de trouver dans les paroles d'un membre du gouvernement l'expression de sentiments que nous avons constamment manifestés sur la question romaine, sur la conduite de plusieurs évêques et de quelques autres ecclésiastiques.* Il n'y a pas dans la circulaire de M. le ministre de l'instruction publique une *appréciation que nous n'ayons faite;* mais on comprend l'autorité que donnent la qualité de ministre et un mérite incontestable d'écrivain. »

(1) Numéro du 11 avril 1860.

les choses religieuses. Chose étonnante! comme il le dit lui-même, ceux qui se croient les plus religieux sont les moins religieux, et vous ses rédacteurs, que l'on traite d'impies, vous êtes les seuls en conformité d'idées et de sentiments avec le Christ et ses apôtres. Il suffit de relire votre numéro du 26 mars 1860, pour comprendre que je n'exagère nullement vos prétentions. « Il est arrivé bien souvent, depuis dix siècles, que les actes et les paroles de la cour de Rome ont eu ce caractère antichrétien, et il n'en pouvait guère être autrement, puisque le fait seul de l'établissement du pouvoir temporel de la papauté était contraire à l'Evangile ; mais jamais, peut-être, ce caractère n'a été aussi évident, aussi douloureusement affligeant qu'il l'est dans la dépêche dont nous nous occupons. Nous assistons donc à ce renversement bizarre que ceux que l'on attaque aujourd'hui comme adversaires de la religion, ceux que l'on désigne sous le nom d'*impies* et de *révolutionnaires,* parce qu'ils contestent les prétendus droits temporels de la papauté, sont *en conformité d'idées et de sentiments avec le Christ, avec les évangélistes, avec les apôtres, avec les premiers papes, avec les plus grands docteurs de l'Eglise, tandis que le ministre du Saint-Siége, les évêques dont la voix retentit le plus haut et aigrit le plus les cœurs, sont en opposition avec le Christ.* »

Qui aurait pu deviner, Messieurs, que vous et vos amis êtes les seuls véritables chrétiens, tandis que le pape, les évêques, les prêtres, les catholiques ne sont que des hérétiques, des impies ! S'il est vrai que vous soyez les seuls religieux, il est vrai aussi que l'humilité n'est point la première vertu de la religion à laquelle vous appartenez.

Il est facile de comprendre qu'en bien des circonstances

et surtout dans ces derniers temps, vous avez tenu, Monsieur Jourdan, à nous donner une haute idée de votre profonde dévotion. Ainsi, le gouvernement romain, pressé par les besoins, se voit forcé, comme la plupart des autres gouvernements, de recourir à un emprunt, avec promesse d'intérêt pour les souscripteurs. Tout naturellement, on s'attendait à trouver dans *le Siècle* quelque article de vous sur l'opportunité de l'emprunt, sur la sécurité des souscripteurs, comme aussi sur les bénéfices qu'ils peuvent en retirer. Comme on connaît mal, dans le monde, vos idées, vos sentiments et vos tendances! A d'autres ces préoccupations matérielles; pour vous, vos pensées s'élèvent bien plus haut; toute votre sollicitude se tourne vers le ciel, vers le salut éternel. « Nous ne voulons pas, dites-» vous, examiner la question de savoir si la dette publique » de l'Etat romain est ou n'est pas hors de proportion avec » ses ressources; si les souscripteurs de cet emprunt feront » une aussi bonne affaire que le leur prédisait ces jours » derniers l'évêque d'Amiens. » Ce qu'il y a d'important, dites-vous ailleurs, c'est de savoir si l'âme peut y trouver son salut ou sa damnation. En vous lisant, il me semble vous entendre chanter le cantique répété si souvent à notre dernière mission :

> Sans le salut, sans le salut, pensez-y bien !
> Tout ne vous servira de rien,
> Tout ne vous servira de rien !

N'a-t-on rien fait pour calmer votre âme agitée? Vous nous aviez dit que votre conscience si délicate avait conçu ses scrupules en lisant les saints Pères, les conciles, les décrétales et les théologiens. On vous a répondu que les saints Pères, en condamnant l'usure, n'avaient entendu proscrire que celle qui existait de leur temps, c'est-à-dire, ces vexations exercées sur les pauvres, ces intérêts de 20, 30 et même 40 pour cent. On vous a répondu que les canons qui prohibent le prêt à intérêt, n'ont jamais parlé de la rente, c'est-à-dire, du revenu que l'on perçoit à l'occasion d'un capital prêté à fonds perdus. On vous a répondu que l'Eglise, invariable dans ses dogmes, avait le droit d'approprier ses lois morales aux besoins des temps, des lieux et des circonstances. Votre âme, plus agitée que celle de la plus fervente dévote, n'a pu, malgré cela, dissiper ses craintes et faire cesser ses scrupules. Plus que jamais la coopération à l'emprunt vous a paru entraîner avec elle la gravité du péché mortel; plus que jamais les horreurs de la damnation vous ont paru terribles! C'est le 2 juillet, si je ne me trompe, jour de la Visitation de la sainte Vierge, que, par l'effet d'une sainte indignation, vous vous êtes écrié : « Il est assez étrange que nous soyons, » nous, obligés de maintenir la doctrine de l'Eglise contre » les feuilles catholiques. » Vous auriez pu ajouter ici, comme vous l'avez fait ailleurs : « Contre le pape, les » évêques, les prêtres et les fidèles. »

Nous savons donc pourquoi, Monsieur Louis Jourdan, vous ne souscrivez point à l'emprunt romain. Ce n'est point que vous manquiez d'argent; ce n'est point non plus que l'affaire ne soit pas bonne, matériellement parlant; c'est uniquement parce que vous craignez d'engager votre conscience, de commettre un péché mortel, et d'encourir ainsi la damnation éternelle. En d'autres termes, il vous répugne de prêter avec intérêt. Comme vous n'êtes pas comédien, et que, par conséquent, votre langage est l'expression sincère de vos pensées et de vos sentiments, je regrette, pour moi comme pour bien d'autres, que vous ne soyez banquier. Dieu veuille que vous le soyez un jour!

Non-seulement, Messieurs les rédacteurs du *Siècle*, vous ne tenez point à être modestes, mais la modestie vous déplaît, même dans les autres. Il y a quelques mois, M. Grandguillot, rédacteur du *Constitutionnel*, expliquait comment il lui avait répugné de se mettre en contradiction avec un évêque de France. Cet acte de modestie, au lieu d'exciter votre admiration, vous irrita à un tel point, que votre douleur, ne pouvant se contenir, sentit le besoin de se traduire en ces termes : « La *modestie* de notre confrère n'est-elle pas exagérée et trop flatteuse pour l'épiscopat? Quoi! un prélat sort du sanctuaire; il se jette à coprs perdu dans l'arène où combattent les gladiateurs de *l'Univers* et de *la Gazette de France;* il quitte le ton onctueux des lettres pastorales pour pousser un cri de guerre et de défi, et l'on n'aurait pas le droit de lui riposter! Et, en se mesurant avec lui, il faudrait à chaque botte lui demander pardon de la liberté grande qu'on prend de pourfendre ses arguments et de le toucher au défaut de la cuirasse! Nous ne saurions voir tant d'*humilité* même envers des évêques qui viennent nous attaquer dans nos foyers, et qui déblatèrent avec tant d'acrimonie contre les gouvernants et les gouvernés. » (1)

Vous avez fait vœu, si je ne me trompe, de ne jamais vous fier à l'enseignement des théologiens, de ne jamais vous en rapporter à leurs décisions dogmatiques et mo-

(1) 4 janvier 1860.

rales. Cependant, il est un point de leur enseignement dont vous ne pouvez douter sans renier vos actes de tous les jours. Si je soupçonnais le moindre doute de votre part à ce sujet, je m'empresserais de vous dire pour vous convaincre : « Relisez *le Siècle* depuis les premiers jours de son existence. » Ce point théologique dont votre journal est une preuve manifeste et permanente, est celui-ci : *Sans humilité, point de charité.*

La charité veut que l'on respecte les personnes, quelles que soient leur condition et leurs opinions, et même que l'on jette un voile sur leurs imperfections et leurs malheurs. La charité veut que l'on se constitue le soutien du faible plutôt que du fort, surtout au moment où sa détresse se fait le plus sentir. Or, Messieurs les rédacteurs, je ne puis vous le taire, vous ne faites rien de tout cela.

Pour être charitable, il ne suffit pas d'exalter certains personnages, certaines associations, en un mot, de patroner un parti ; il faut respecter tous les membres de l'humanité, car ils sont tous nos frères. Nous, disciples de Jésus-Christ, enfants de l'Eglise romaine, nous n'avons point droit à votre admiration, si vous tenez à nous la refuser ; mais nous avons droit à votre amour, si vous voulez être *charitables ;* car nous sommes des hommes comme vous, et par conséquent vos frères dans l'humanité.

Êtes-vous charitables à notre égard ? Non, vous ne l'êtes pas. Non-seulement vous ne nous aimez pas, mais vous nous refusez le nom qui nous est propre, celui par lequel nous sommes connus. En parlant de nous, vous ne dites point les *catholiques,* mais bien les *cléricaux,* les *ultramontains,* les *jésuites,* les *croisés.* Pourquoi donc nous refusez-vous le nom de catholiques ? Est-ce parce qu'il est notre gloire comme notre droit? Mais la charité consiste bien plus à faire éclater la gloire de ses frères qu'à la contester et à la ternir. Vous n'êtes donc point charitables.

Du reste, croyez-le, tout en vous proposant de nous insulter et de nous outrager par de fausses dénonciations, vous êtes loin d'arriver à votre but. Qu'entendez-vous par le mot *ultramontains?* Voulez-vous dire que nous reconnaissons l'évêque de Rome pour pasteur et pour père? Rien de plus vrai ; mais au lieu d'en rougir, nous nous en glorifions. Serait-il donc vrai qu'en fait de religion, vous mettez votre gloire à vous dire les enfants d'un *père inconnu?* Que dit à vos yeux le mot de *cléricaux?* Voulez-vous condamner ceux qui reconnaissent un ministère religieux avec ses prérogatives, ses sacrifices et ses devoirs? Mais quel mérite trouvez-vous à méconnaître un fait, à vous opposer à une mission divine et bienfaisante? En nous appelant *croisés,* voulez-vous attester nos combats pour le triomphe de la vérité, de la justice et de la vertu ; signaler nos luttes de chaque jour contre les passions funestes? Mais alors, ce serait nous faire un crime de notre vertu, une honte de notre gloire. Le mot qui vous va le mieux est celui de *jésuites,* parce qu'il signifie pour vous un état d'hypocrisie. Eh bien, Messieurs les rédacteurs, sachez qu'il n'est point sage de juger toujours les autres d'après soi-même. Ce qui prouve que nous avons de l'horreur pour l'hypocrisie, c'est que nous nous sentons très peu d'attrait pour les idées et les tendances du *Siècle.* Vous prononcez trop souvent ce mot injurieux contre vos adversaires, pour qu'on ne soit pas tenté d'en placer l'école dans les bureaux mêmes de votre journal.

Pourquoi, je le répète, tenez-vous à nous blesser, à nous insulter presque chaque jour? Quels avantages la science et la liberté peuvent-elles retirer de ces injures et de ces grossièretés? Je suppose que nous soyons tels que vous nous faites, c'est-à-dire des ignorants égarés par les préjugés, les caprices et les passions; je suppose que vous soyez destinés à être nos maîtres, et nous, à être vos disciples. Si vous voulez que nous soyons de bons disciples, soyez pour nous de bons maîtres. Faites pour nous éclairer et nous ramener de nos égarements ce que fait le professeur pour instruire ses élèves. Que diriez-vous d'un maître d'école qui serait toujours de mauvaise humeur à l'égard de ses écoliers, qui leur adresserait des dénominations injurieuses au lieu de les appeler par leur nom? Vous lui diriez qu'il a tort de se comporter ainsi. Ce que vous diriez à ce maître d'école, nous vous le disons à vous-mêmes. En parlant de nous, dites donc : *les catholiques*, comme en parlant de vous, nous disons : *Messieurs les rédacteurs du journal le Siècle.*

Puisque c'est un devoir de charité de protéger ses frères, surtout lorsqu'ils sont éprouvés par le malheur, qu'avez-vous fait pour nous lorsque nous pleurions les tribulations de notre père? Qu'avez-vous fait pour nous mériter la bienveillance du gouvernement, et surtout pour nous sauver contre les circulaires ministérielles qui prescrivaient aux fonctionnaires subalternes la surveillance et la sévérité à notre égard? Non-seulement notre position n'a pas excité vos sympathies, mais vous avez fait tout au monde pour en accroître la gravité. Non-seulement vous n'avez point cherché à éloigner la sévérité, mais vous l'avez appelée de toutes vos forces et de toutes les manières. Si l'on connaissait moins les récriminations du *Siècle* contre les anciennes inquisitions, on serait presque tenté, en le lisant, de le regarder comme un vrai inquisiteur.

Ainsi, *le Siècle* disait, le 6 mars 1860 : « Il y a des ans et des jours que nous le disons à l'administration impériale : le parti ultramontain est un de ces partis avec lesquels *la modération ne saurait réussir;* il prend chaque concession pour de la faiblesse. Si on laisse au pape la domination nominale des Romagnes, c'est à qui dans ce parti s'écriera : Vous le voyez, on n'a pas osé, on n'oserait pas; et cette concession sera le point de départ de toutes sortes d'agitations et d'entreprises nouvelles.

» Il est vrai que le président du Corps législatif, qui, par sa position, est tenu à beaucoup moins de réserve que le chef de l'Etat, a donné du discours impérial un commentaire qui l'aggrave singulièrement dans le point dont nous nous occupons. Il a montré les susceptibilités gallicanes prêtes à s'éveiller; il a rappelé les leçons du passé, et dit comment, lorsque le prêtre sort du sanctuaire pour se mêler au choc des passions temporelles, l'esprit religieux perd tout ce que reprend l'esprit d'indépendance civile et politique qui fait le fond de l'opinion du pays.

» Mais ces paroles si *sévères* et si *vraies* ne nous semblent pas non plus *suffisantes.* L'opinion publique, l'esprit d'indépendance civile et politique qui fait le fond de cette opinion, *réclament une satisfaction.* La séparation irrévocable des Romagnes; un avertissement exemplaire infligé à ce pouvoir qui n'a rien voulu faire pour ramener à lui les cœurs; qui s'est refusé aux plus légères concessions; *une punition méritée par tant de résistances coupables :*

voilà ce que demande la France entière » (dites plutôt : *le Siècle*). » (1)

Comme vous faites profession de défendre les droits de la raison et de la liberté, on aurait pu espérer quelques

(1) « Jamais, avait dit déjà *le Siècle* dans son numéro du 11 octobre 1859, un avertissement plus sérieux n'avait été donné aux gouvernements. Ah ! vous laissez croître les développements de l'influence cléricale? Eh bien, voyez-vous où les évêques en arrivent?... C'est l'immixtion du spirituel dans le temporel; c'est la vieille et affreuse guerre du sacré contre le civil qui ressuscite. On voit le péril, nous en avons la conviction. *Il y sera porté remède*, car la société serait sur un abîme. »

« Les deux documents publiés par *le Moniteur*, disait encore *le Siècle* le 12 janvier 1860, feront sans doute *cesser l'agitation que les cléricaux ont portée jusque dans les associations de bienfaisance*. Est-ce que l'organisation de ces diverses sociétés ne donne pas à réfléchir? Quoi! pour une seule société, neuf cents comités, trois en moyenne par arrondissement administratif, cinq cents à l'étranger, et tous relevant d'un comité supérieur siégeant à Paris, qui sans doute relève lui-même du sacré collége? *Jamais organisation plus complète et plus menaçante a-t-elle existé?* N'est-ce trop espérer de la sagesse des évêques et du pape lui-même, de penser que la *lettre de l'Empereur va faire cesser les excitations injurieuses?* S'il en était autrement, le chef du gouvernement n'aurait-il, pas plus qu'un évêque d'Orléans, le droit de dire : « Prenez-y garde! vous finirez par nous blesser. »

Comme cette tactique du *Siècle* est libérale, et surtout comme elle est charitable pour nous !

« Nous sommes pour la liberté de conscience, disait le même journal le 1er janvier 1860... mais nous sommes *sans pitié* pour les prêtres perturbateurs et pour leurs écrits insensés. » Remarquez que les prêtres perturbateurs sont tous ceux qui ne pensent pas comme *le Siècle*. Il faut donc avouer que le mbre de ceux qu'il ne veut pas persécuter est bien minime. Que de charité ! lus on lit *le Siècle*, plus on reconnaît qu'il est l'ennemi de toute espèce de libertés. Ainsi, il disait au mois d'octobre de l'année dernière : « Dans e pensée, beaucoup de mandements que nous avons lus ont dépassé la ite de la liberté et des pouvoirs des évêques. Ils devaient être, aux termes concordat, déférés comme d'abus, et ils eussent été certainement condamnés.

» Nous n'avons pas de conseil à donner au gouvernement; mais, selon nous, les voies de droit eussent mieux réussi que la douceur et la charité dont *le Moniteur* vient de faire preuve.   Léon Plée. »

ménagements en faveur des hommes qui n'ont pas toujours mesuré leur amour à cet égard. Point du tout. Votre excommunication est fulminée contre tous ceux qui ne sont point de votre parti, contre tous ceux qui ne partagent point vos idées d'impiété, quels que soient d'ailleurs leurs antécédents et leurs convictions. Il en est de M. Cousin comme du général Lamoricière ; de M. Villemain comme du P. Lacordaire, de M. Montalembert, etc., etc.

Si votre colère ose s'adresser à des hommes qui ne s'occupent point de vous, que ne doit-elle pas être pour les rédacteurs des feuilles religieuses qui ne craignent pas de vous combattre et de vous réfuter chaque jour ? Je ne me suis jamais attendu à un esprit de charité de votre part pour *l'Ami de la Religion, le Monde, l'Union, la Gazette de France*, etc., mais ce qui m'étonne, c'est de trouver à leur adresse, dans les colonnes de votre journal, des reproches si injurieux et des mots si grossiers. Ainsi, en parlant des rédacteurs de *l'Univers*, vous affirmez que ce sont des *cagots* (1). Qu'auriez-vous dit si ces mêmes rédacteurs vous avaient appelés *libertins ?* Vous auriez crié à la médisance, à la calomnie, à l'outrage : vous auriez eu raison. Mais, dites-moi, si les rédacteurs du *Siècle* ont droit d'être respectés dans leur moralité, les rédacteurs de *l'Univers* n'ont-ils pas le même droit quand il s'agit de leurs convictions religieuses ? *Ne faites donc pas à autrui ce que vous ne voudriez pas qu'on vous fît à vous-mêmes :* il faut au moins cela pour être *charitable.*

Puisqu'il s'agit d'apprécier consciencieusement votre

____

(1) Numéro du 11 janvier 1860.

charité, il ne faut rien taire pour ne pas s'exposer à être injuste. J'avoue donc avoir remarqué en vous, depuis plusieurs mois, tous les éléments d'une piété bien sentie envers les morts. Il ne se passe pas une seule semaine sans que vous ne parliez de cette charité, soit pour annoncer que vous en êtes animés, soit pour dénoncer ceux qui ne la respectent pas ou ne l'ont pas respectée.

Je vous félicite sincèrement de pareils sentiments; rien n'est plus sublime, plus légitime et plus sacré que le respect des morts, surtout dans leur mémoire. Pour rompre le silence sur les fautes de ceux qui ne sont plus, il ne faut pas moins que l'importance de l'enseignement historique, ou la défense d'une grande cause dans l'humanité. Mais, tout en admirant votre charité à cet égard, me permettrez-vous d'exprimer un étonnement sur les caractères qui l'accompagnent? Pourquoi ne se fait-elle bien sentir que depuis quelques mois? Pourquoi êtes-vous plus émus en faveur de Mgr Rousseau qu'en faveur de tant d'autres? Est-ce parce qu'il était évêque? Mais tous les jours on attaque de saints évêques, non-seulement par la médisance, mais encore par la calomnie, et vous ne faites rien pour venger leur mémoire. Est-ce parce qu'il vous appartenait plus que tant d'autres par son amour pour l'indépendance et sa répugnance pour les idées monarchiques? Mais on vous a prouvé qu'il était courtisan. Ne serait-on pas tenté de croire que si vous êtes blessés des taches qu'on a faites à sa mémoire, c'est uniquement parce qu'elles ont été faites par un évêque contre un parti que vous patronez! S'il en est ainsi, Messieurs, votre zèle est de l'égoïsme, et non de la charité. Croyez que la justice et la vérité ne souffriraient nullement quand vous seriez un peu moins admirateurs de Mgr Rousseau et un peu plus charitables envers ses successeurs et les autres évêques.

Si vous ne voulez pas être charitables à notre égard en nous aidant dans notre faiblesse, en nous consolant dans nos malheurs, pourquoi au moins ne tenez-vous pas à être *justes?* Ce qui prouve que c'est là le moindre de vos soucis, c'est qu'en toutes choses vous cherchez à mal interpréter nos intentions, à ternir nos mérites, et même à nous priver de nos droits.

Le clergé catholique s'applique-t-il à recommander le respect envers l'autorité par l'accomplissement des devoirs les plus légitimes? Au lieu de faire comprendre à vos lecteurs que c'est là une conséquence logique de toutes les lois naturelles, sociales et religieuses, vous nous représentez comme des fauteurs du despotisme, des instruments serviles de la politique la plus absolue. S'il nous arrive d'exposer quelques observations en faveur de la liberté civile et religieuse, vous criez à la rébellion : pour vous, alors, nous ne sommes plus que des intrigants et des séditieux. Est-ce notre faute si nous ne pouvons réussir à vous contenter? Non, c'est la vôtre; car si nous ne sommes ni rebelles ni flatteurs, vous n'êtes ni *justes* ni *conséquents.*

Rien n'est plus certain, d'après les lumières du bon sens comme d'après les règles de toutes les législations, qu'en devenant prêtres nous ne cessons d'être hommes ni citoyens. C'est donc pour nous comme pour vous un droit et un devoir d'exercer notre sollicitude sur tout ce qui peut concourir à la grandeur de l'humanité, au bon ordre de la société. Votre patrie n'est-elle pas aussi la nôtre, et par conséquent ne pouvons-nous pas et ne devons-nous pas nous intéresser à sa prospérité et à sa gloire? Non, ce n'est pas être juste que de nous contester des droits si évidemment établis; que de nous adresser des reproches pour les avoir exercés, en nous opposant ironiquement cette parole du divin Maître : *Regnum meum non est hujus seculi*.

La première année de mon ministère, toutes mes ressources pécuniaires furent épuisées par le premier semestre de ma pension. Cependant (chose alors inattendue pour moi), le receveur municipal m'adressa une demande pour cote personnelle, mobilière et chemins vicinaux. Que faire? J'eus recours alors à votre interprétation, en lui répondant : *Mon royaume n'est pas de ce monde*. Malgré ma réponse, le receveur persista dans sa demande, en me disant : « Quoique prêtre, vous êtes citoyen comme les autres. » Eh bien, Messieurs les rédacteurs, quand vous me crierez que je n'ai pas le droit d'élire ni d'être élu, etc., je vous répondrai comme le receveur municipal : « Quoique prêtre, ne suis-je pas citoyen comme vous? »

Selon vous, le clergé donne la mort à tout ce qu'il touche dans l'ordre purement social et politique; notre incapacité absolue à cet égard est pour vous un fait si palpable qu'il semblerait presque ridicule de le prouver. L'histoire a beau vous affirmer le contraire par les enseignements les plus manifestes dans divers temps, dans divers pays et diverses circonstances, rien ne peut vous faire changer dans vos appréciations, rien ne peut vous convaincre en notre faveur. Une obstination pareille n'expose-t-elle pas à être *injuste?*

Laissons de côté l'histoire pour écouter le simple bon sens. Tous les rédacteurs du *Siècle*, n'est-il pas vrai, sont des hommes éminents, des politiques profonds, des administrateurs habiles. En cela, je le sais, vous êtes parfaitement de mon avis. Mais si quelqu'un d'entre vous, touché par la grâce, se rendait à la vérité catholique et se revêtait du caractère de prêtre pour mieux la servir, perdrait-il, en devenant prêtre, les aptitudes, les qualités qu'il tient de la nature et de l'expérience ? Évidemment non. Il n'en resterait pas moins un homme intelligent et sage. Pourquoi donc n'en serait-il pas des autres hommes comme des rédacteurs du *Siècle*, dans les mêmes conditions? En un mot, comment les autres, en devenant prêtres, seraient-ils frappés par cela même d'une incapacité absolue dans l'ordre des choses temporelles? Si l'habit ne fait pas le moine, il ne lui enlève pas non plus ses facultés et son savoir (1).

Mais, dites-vous encore, le prêtre aurait-il le droit et la puissance de diriger les choses temporelles, n'est-il pas plus avantageux au bien des âmes, à la prospérité de la religion qu'il s'en éloigne totalement (2)? A vous entendre, Messieurs, vous n'avez rien tant à cœur que le salut des âmes. Ce que vous redoutez par-dessus tout, c'est que l'in-

(1) M. Saint-Marc Girardin disait, tout récemment : « Les laïques et les prêtres ne valent point par leur habit, mais par leur esprit : c'est à l'esprit et non à la robe qu'il faut s'attacher. »

(2) « On nous accuse d'être les ennemis des libertés politiques parce que nous demandons que le prêtre se consacre *exclusivement* aux devoirs qui lui sont imposés par le divin Maître. » (*Siècle*, numéro du 8 février 1860.)

« Nous avons à l'égard des évêques la même doctrine qu'à l'égard du pape. Qu'ils s'occupent des choses spirituelles et qu'ils laissent aux gouvernements les soins de l'administration, en se rappelant toujours la parole du Maître : *Regnum meum non est hujus seculi.* Qu'ils soient certains qu'ils seront plus grands, plus respectés en se tenant à l'ombre de l'autel, qu'en se mêlant d'une manière trop souvent fâcheuse aux débats de la politique. » (*Idem*, numéro du 11 février 1860.)

tervention du clergé dans les affaires civiles n'éloigne quelque personne de l'Eglise, ou au moins de la fréquentation des Sacrements. Votre délicatesse dans les scrupules de ce genre est telle qu'il semble que femme dévote ne pourra jamais l'égaler. J'admire ce zèle dans votre dévotion ; mais ce qui m'embarrasse, c'est de le concilier avec d'autres principes dont vous vous faites gloire. Que dirait-on de ceux qui veulent restreindre le prêtre aux fonctions du sanctuaire pour le faire occuper exclusivement de prédications et de confessions, s'ils ne s'empressaient à leur tour de fréquenter les églises pour entendre les sermons et recevoir les Sacrements ? On dirait que, n'aimant pas les prêtres, ils veulent les savoir partout où ils ne sont pas eux-mêmes.

Il est certainement des lieux et des circonstances au milieu desquels la non-intervention du prêtre est plutôt un bien qu'un mal pour l'honneur du clergé et la prospérité de la religion ; mais pourquoi ne pas nous laisser à nous-mêmes le soin de cette prudence et de ce discernement ? Croyez que nous tenons autant que vous à éviter ce qui peut être un préjudice pour notre dignité, un malheur pour la prospérité de la religion ; et, quoique moins perspicaces que vous, nous le sommes assez pour discerner tout ce qui peut les compromettre. Du reste, quels embarras pour vous si chaque prêtre, avant de prendre une détermination dans des circonstances de ce genre, tenait à vous adresser une lettre pour demander vos conseils ?

Ce qui prouve qu'en réalité vous tenez plutôt à dénigrer le clergé qu'à lui être utile, c'est que, pour le rendre odieux à vos lecteurs, il n'est rien que vous ne tentiez et que vous ne fassiez. S'agit-il de quelque appréciation, de

quelque événement qu'on puisse interpréter à notre préjudice ? Le moindre bruit suffit pour vous éveiller; vous
prêtez l'oreille à tous ceux qui se proposent de parler en
ce sens. S'agit-il, au contraire, de quelque chose qui peut
nous honorer ? Vous êtes sourds ou au moins bien lents à
rompre le silence. Ainsi, quoique vous ne soyez pas des
plus crédules quand il s'agit des miracles même les mieux
prouvés, vous ne craignez pas néanmoins de recourir à
leur intervention, quand vous la croyez nécessaire, pour
accuser les papes. C'est encore dans le même but que vous
pleurez les malheurs de Jeanne d'Arc, sacrifiée par un
lieutenant de Rome. « Nous trouvons Rome, dites-vous,
dans presque toutes les coalitions qui ont été dirigées
contre nous. Quel appui nous a-t-elle jamais prêté ? Quel
secours en avons-nous reçu ? Par quelle intervention pon-
tificale avons-nous été aidés ? *Le Ciel est venu quelquefois
miraculeusement à notre secours.* Mais qui ne se rappelle
que c'est un lieutenant de Rome, un évêque qui a con-
damné Jeanne d'Arc ? » (1)

Il a été constaté, même par des documents anglais, que
le pape a toujours consenti aux réformes jugées nécessaires et utiles à ses sujets. Comment pourrait-il en être autrement, puisque c'est Pie IX qui a compris le premier les
besoins de ses peuples et en a cherché la satisfaction de
toutes les manières ? On peut dire des tribulations conti-
nuelles auxquelles il a été en butte depuis son avènement
au trône pontifical, qu'elles sont les souffrances d'un martyre glorieux en faveur de la liberté. Si *le Siècle* fait tout

(1) *Siècle*, 16 février.

ce qu'il veut, il n'en est pas de même du pape. Vous savez cela, Messieurs, aussi bien que nous, et cependant vous persistez à répéter, chaque jour, que le pape, se montrant rebelle à tout esprit de réforme, trouve dans son opiniâtreté même la raison de ses tribulations et de ses malheurs. Est-elle juste cette obstination à répéter continuellement un pareil langage?

Vous proposant d'égayer vos lecteurs aux dépens du pape, vous publiez une formule d'excommunication ridicule et même triviale, ajoutant que c'est la formule même dont se sert le Saint-Siége pour frapper les ennemis de l'Eglise. La plupart de vos lecteurs, et même des journalistes de province, prenant vos paroles au sérieux, ont reproduit cette formule comme étant en effet celle même qu'on employait à Rome. Les journalistes catholiques, en vous apprenant que cette formule avait été inventée par un romancier, un ministre anglais nommé Sterne, vous conjurent d'annoncer à vos lecteurs, pour dissiper leur illusion, que jamais cette formule n'a été employée par les papes, et qu'on n'en trouve aucune trace dans le pontifical romain. Au lieu de faire sincèrement cet aveu, si utile à la vérité et au bien des âmes, vous n'avez répondu que par des subterfuges qui ne répondent nullement au but des réclamations (1).

(1) Voilà ce que dit *le Siècle*, le 5 avril 1860, après avoir parlé des réclamations qui lui sont faites par les journalistes : « Nous déclarons ici que nous n'avons pas eu un seul instant la pensée de plaisanter avec des choses aussi sérieuses que l'excommunication. La formule que nous avons donnée est empruntée à dom Martin Bouquet, prêtre et religieux de la congrégation de Saint-Maur, qui la publia en 1741, dans le quatrième volume du *Recueil des Historiens des Gaules et de la France*, page 610. Dom Bouquet l'avait em-

Si vous tenez, Messieurs, à ne plus faire naître d'illusions par vos plaisanteries, écrivez en grosses lettres sur votre feuille : *Journal pour rire*. Non-seulement cette enseigne sera pour plusieurs lecteurs un véritable enseignement, mais elle sera pour ses auteurs un puissant témoignage en faveur de la délicatesse de leur tact.

Autre preuve d'injustice de votre part envers tout ce qui regarde les intérêts du clergé. Garibaldi se propose de détrôner des souverains par la révolte ; il lui faut de l'argent pour acheter de la poudre et des fusils. Immédiatement vous vous mettez à l'œuvre pour encourager son entreprise en ouvrant une souscription en sa faveur dans les colonnes de votre journal. Les troubles qui règnent en Italie, depuis plusieurs années, ayant épuisé les ressources du trésor pontifical, les catholiques offrent quelques secours au pape pour garantir sa sécurité. Non-seulement vous vous refusez à donner au *denier de saint Pierre* la protection que vous avez donnée à la souscription en faveur de Garibaldi, mais vous dénigrez cette œuvre, vous cherchez à nuire à sa prospérité. Est-ce être *juste* et *conséquent ?*

Direz-vous, pour justifier votre partialité, que vous tenez avant tout à l'émancipation des peuples ? Mais êtes-vous les seuls à y tenir ? Êtes-vous les seuls à comprendre que des libertés plus larges, basées sur la dignité de l'homme et l'égalité de tous les citoyens, sont devenues

<hr>

pruntée lui-même à Etienne Baluze, professeur de droit canon au collége de France, qui l'avait donnée, dès l'an 1677, dans le tome second de ses *Capitulaires*, pages 679 et 680, sous la rubrique : *Formulæ veteres exorcismorum et excommunicationum.* »

nécessaires aux générations modernes? Êtes-vous les seuls
à trouver légitimes, précieuses et grandes les aspirations
des peuples vers les jouissances libérales ? Êtes-vous les
seuls à former à cet égard les vœux les plus sincères et les
plus ardents? Non, vous n'êtes pas les seuls. A mes yeux
comme aux vôtres, les peuples ne sont pas faits pour les
princes, mais bien les princes pour les peuples. Selon moi,
tout souverain qui veut mériter le titre de *bon*, doit travailler chaque jour à des réformes salutaires, et même se
sacrifier pour les opérer.

Gardons-nous bien de confondre *autour* avec *alentour*.
Viser à ce que vous vous proposez, exalter ce que vous
patronez, répéter tout ce que vous dites tous les jours, est-
ce travailler à une véritable émancipation, est-ce concourir à la possession des vraies jouissances libérales? Je
crains bien que tel ne soit pas le résultat des conquêtes du
Siècle et de ses amis. Entendez ici un ancien ministre des
affaires étrangères, dont le généreux amour pour la liberté
n'a jamais été surpassé; entendez M. Lamartine, que le
malheur et l'éloignement des affaires publiques mettent à
l'ombre de tout esprit de parti. « Le Piémont, disait donc
tout récemment M. Lamartine, le Piémont, en démasquant
son ambition, a compromis la vraie cause libérale en Italie.
Absorber n'est pas affranchir. La conquête est le repous-
soir de la liberté.

» Malgré l'appui de l'Angleterre et de la France, le Piémont périra à l'œuvre, car il s'est donné une œuvre en
disproportion avec ses forces : on rêve l'impossible, on ne
l'accomplit pas. L'Italie elle-même, qui n'est pas *piémon-
taise*, mais *italienne*, réprouvera un jour ce rêve de mo-

narchie universelle des tribuns piémontais; un tribun n'est pas obligé d'être un homme d'Etat. »

Rien de plus certain, de plus ostensible, et en même temps de plus difficile à concevoir, d'après les lumières de la logique, que votre fureur pour le gouvernement pontifical. Il y a des gouvernements qui ont voulu ravir les droits du père de famille en le forçant de donner à son enfant un enseignement plutôt qu'un autre; pour les justifier, vous assurez que chaque gouvernement a le droit de déterminer un enseignement conforme à ses principes. Que le chef de la catholicité se permette de faire élever un enfant selon les principes catholiques? Vous êtes inconsolable ; ce n'est pas seulement une fois, c'est mille fois que vous pleurez ce malheur. Ah ! on s'étonne de vous entendre parler si souvent en faveur de Mgr Rousseau, de Garibaldi et du petit Mortara. Pour moi, je n'en suis nullement étonné. Je comprends que ce n'est point ici le témoignage d'une affection particulière pour ces personnes, mais bien d'une haine singulière pour le pape.

Il en est de même à l'égard des évêques, des prêtres et des laïques religieux. Qu'un évêque pleure du haut de la chaire les malheurs du père commun des fidèles, aussitôt vous vous écriez à votre tour : « C'est mal faire. » Quoique vous ayez conseillé aux évêques de composer des brochures et d'écrire dans les journaux à leurs risques et périls, si l'un d'entre eux se croit obligé d'écrire dans les feuilles publiques pour réfuter vos erreurs, vous vous écriez encore : « *Il a fait une mauvaise action.* » (1)

(1) « Que MM. les évêques, dit *le Siècle*, écrivent dans les journaux, qu'ils fassent des livres, des brochures, même des pamphlets; qu'ils usent à

Êtes-vous plus justes envers les prêtres les plus éminents qui se font un devoir d'expliquer aux fidèles les principes de l'enseignement catholique ? Assurément non. L'illustre conférencier de Notre-Dame, le P. Félix, parlant de l'autorité sociale, et voulant faire comprendre ce qu'il y a en elle de digne et de bienveillant, croit pouvoir comparer ses titres à ceux de l'autorité paternelle. Quoi de plus naturel, de plus légitime, et même de plus expressif qu'une pareille comparaison ! Cependant, *le Siècle* est assez méchant, assez injuste pour trouver dans cette comparaison même les motifs de graves accusations contre le digne prédicateur. C'est par là, nous dit-il, que le P. Félix se constitue l'apôtre du droit divin et du despotisme contre la souveraineté du peuple. Croyez, Messieurs, que votre perspicacité s'égare quelquefois, puisqu'elle vous porte à être *injustes* dans vos appréciations.

Vos censures ne sont donc pas uniquement réservées à ceux qui écrivent dans les journaux ou composent des brochures. Pourquoi vous constituez-vous ainsi les inquisiteurs des sermons? Pourquoi censurez-vous des prêtres remplissant paisiblement dans le sanctuaire les devoirs de leur mission? S'occupent-ils de vous ? Vous semblez le croire ; ce n'est de votre part, croyez-le, qu'une maladie

risques et périls de leur droit de citoyens, rien de mieux ! Mais, comme spirituel, ils ont d'autres devoirs hautement définis par les concor   s lois religieuses. »

pr   voir tenu ce langage le 13 octobre 1859, *le Siècle* dit, le 16 jan- r 18 : « Maintenant, les évêques se dépouillent de leurs insignes; ce ne   que d'aventureux publicistes qui se lancent dans la lutte à leurs   s et périls. »

l faudrait voir comment l'évêque d'Orléans et quelques autres sont traités par *le Siècle* pour avoir composé des brochures ou des articles de journal.

imaginaire. Si vous teniez à en guérir, vous n'auriez qu'à devenir plus humbles : tout serait fait.

Tout en me permettant, comme vous le voyez, de signaler des imperfections dans votre esprit de logique, d'humilité, de charité et de justice, je me garde bien d'attaquer votre honneur. *Le Times* m'apprend, en effet, qu'à cet égard vous êtes *singulièrement chatouilleux*. *Le Times* ne m'aurait-il pas renseigné à ce sujet, que je l'aurais été suffisamment par vos paroles et vos actes. Ne nous avez-vous pas dit vous-mêmes qu'en intentant un procès à Mgr Dupanloup, vous aviez pour but de donner une leçon aux évêques et même aux prêtres qui se hasarderaient à dire trop de mal du journal *le Siècle?* (1)

Ainsi, Messieurs, en gardant le silence sur tout ce qui tient à votre honneur, je profite des leçons que vous avez bien voulu nous donner. Un procès, même perdu, peut n'être pas un grand malheur pour vous. Le bruit qu'occasionne naturellement un procès, élargissant le domaine de votre réputation, peut vous valoir de nombreux lecteurs dont l'abonnement est plus que suffisant pour solder les frais de procédure, et même d'amendes, s'il y en a. Pour moi, il en est tout autrement. Non-seulement il me répugne de comparaître devant les tribunaux, mais mes ressources sont si modiques qu'elles me laisseraient dans l'impuissance de subvenir aux dépenses mêmes d'un procès gagné.

---

(1) Après avoir dit que le principal but de son procès contre Monseigneur l'évêque d'Orléans était de donner une leçon à tous les évêques, *le Siècle* ajoute : « La leçon profitera peut-être aussi aux membres du clergé qui, par un excès de zèle, mêlent la politique à leurs exhortations pastorales. Ils montreront peut-être plus de réserve et de modération même envers *le Siècle*. » (Numéro du 25 mars 1860.)

Remarquez aussi, Messieurs, que, conformément à l'esprit chrétien, mes censures ne s'adressent point aux personnes dans leur vie privée, mais uniquement aux utopies dangereuses qu'elles patronent. Ces censures, croyez-le, ne peuvent nullement affaiblir l'amour que je dois avoir pour vous comme homme et comme prêtre. C'est précisément, au contraire, comme désirant pour vous plutôt le bien que le mal, que je tiendrais à dissiper vos préjugés contre le catholicisme et ses ministres. *Nolo mortem impii sed ut convertatur impius a viâ suâ et vivat. Convertimini, convertimini a viis vestris pessimis ; et quare moriemini domus Israel ?* (1)

(1) Ezéchiel, XXXIII — 11.

FIN.

TABLE.

Limoges. — Typ. J.-B. CHATRAS, rue Basse-Croix-Neuve, 10.

www.ingramcontent.com/pod-product-compliance
Lightning Source LLC
Chambersburg PA
CBHW071327030726
47594CB00002B/563